イスラム国の反乱

ISISと新スンニ革命

パトリック・コバーン 著
大沼安史 訳

THE JIHADIS RETURN

ISIS and the New Sunni Uprising

PATRICK COCKBURN

緑風出版

THE JIHADIS RETURN

ISIS and the New Sunni Uprising

by Patrick Cockburn

Japanese translation published by arrangement with OR Books
through The English Agency (Japan) Ltd.

目次

イスラム国の反乱

ISISと新スンニ革命

THE JIHADIS RETURN

ISIS and the New Sunni Uprising

カバー写真は、二〇一四年六月三〇日、シリアのラッカを軍事パレードするＩＳＩＳ

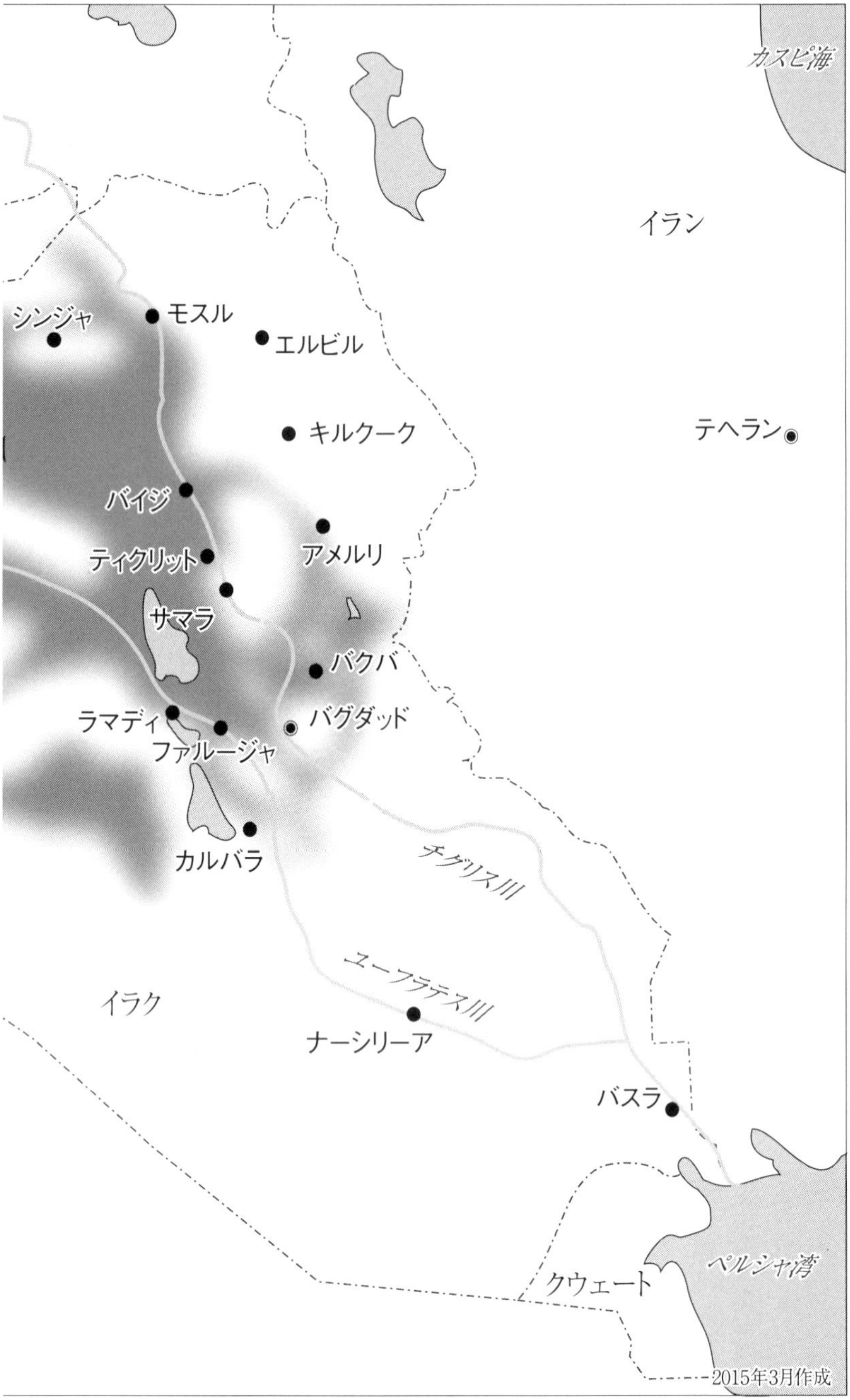
カスピ海
イラン
シンジャ
モスル
エルビル
キルクーク
テヘラン
バイジ
ティクリット
アメルリ
サマラ
バクバ
ラマディ
バグダッド
ファルージャ
カルバラ
チグリス川
ユーフラテス川
イラク
ナーシリーア
バスラ
ペルシャ湾
クウェート
2015年3月作成

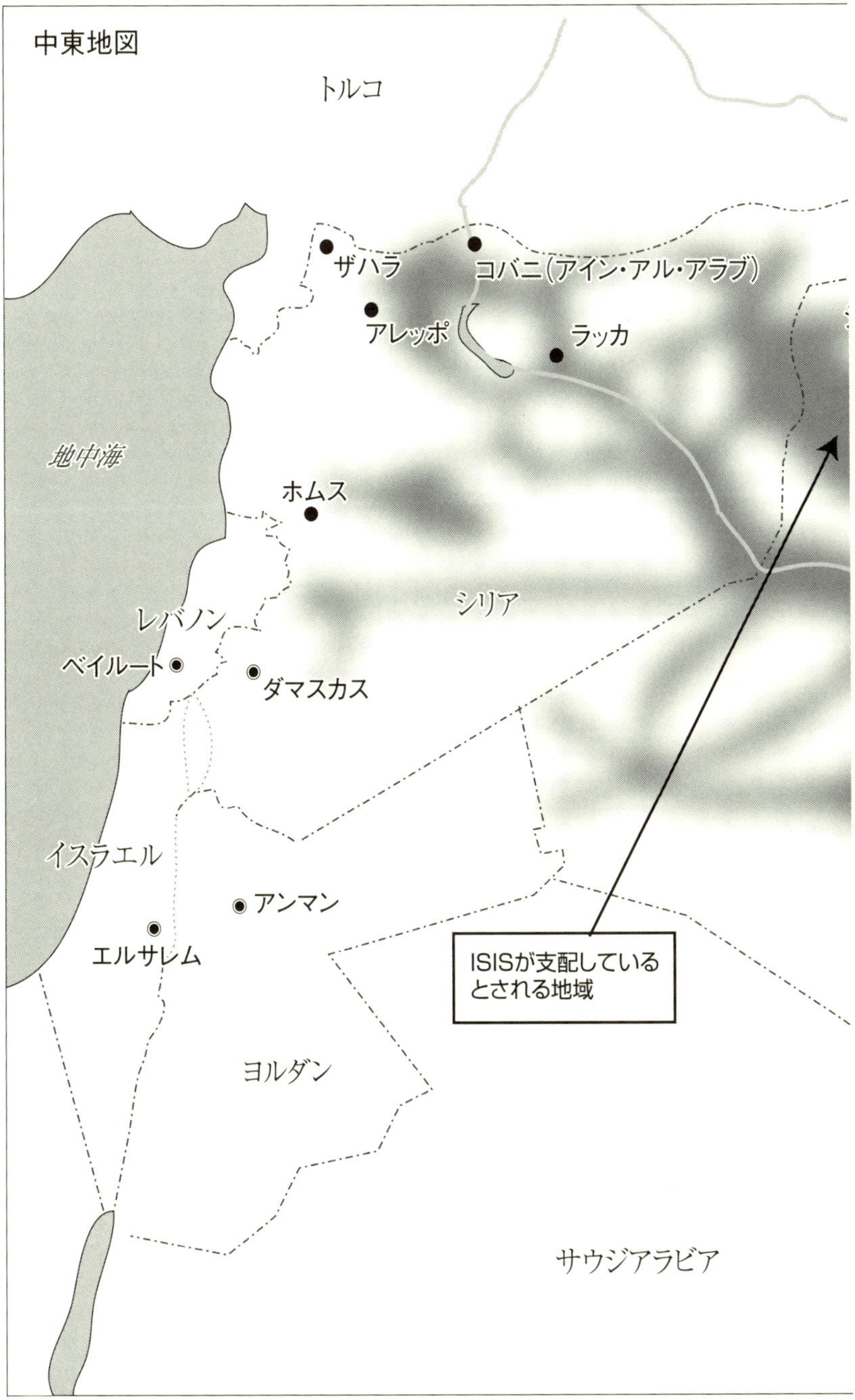
中東地図
トルコ
ザハラ
コバニ(アイン・アル・アラブ)
アレッポ
ラッカ
地中海
ホムス
シリア
レバノン
ベイルート
ダマスカス
イスラエル
アンマン
エルサレム
ISISが支配している
とされる地域
ヨルダン
サウジアラビア

訳者注は、本文中に組み込める短いものについて、〔…………〕で表示し、比較的長いものについては、＊で、本文外に示した。原著者の本文中の注記は、（…………）で示した。

人名、地名など固有名詞の表記は、新聞報道で使われている短縮形のものにした。新聞記事は一段一二字の制約があり、短く英語読みする傾向がある。清明な文体で知られる作家の陳舜臣さんは、アフガニスタンの「カブール」をどうして「カーブル」と書かないのか、と嘆いていたが、その嘆きは日本のアラビストの思いかも知れない。インドの「カルカッタ」が「コルカタ」に替わったように、アカデミズムとジャーナリズムによる表記の統一が行なわれるべき段階かも知れない。

訳出、訳注づくりにあたっては、『イスラム国とは何か』（常岡浩介著、旬報社）、『イスラム国の野望』（高橋和夫著、幻冬舎）、『イスラム教史（世界宗教史叢書5）』（嶋田襄平著、山川出版社）などを参照した。

はじめに　百日建国

二〇一四年の、ひと夏のことだった。

わずか百日の間に「イスラム国（ＩＳＩＳ）*」は、中東の政治を変えた。イラクやシリア、クルドの軍隊に対して劇的な戦いを挑み、誰も予想しなかった勝利を摑み取ろうと、聖戦《ジハード》（神の下での奮闘）の戦士たちは宗教的な熱狂に軍事の専門知識を結合した。

ＩＳＩＳはイラクやシリアの政権に抗するスンニ派イスラム教徒の反対運動を支配するに至っ

*ＩＳＩＳ　Islamic State of Iraq and al-Sham「イラクとアッシャムのイスラム国」の略称。アッシャム＝al-Shamは、現在のシリア、ヨルダン、パレスチナ、イスラエルを含む地域のアラビア語地名の英語表記。その頭文字をとり、ＩＳＩＳとする。アッシャムは、英語では（仏語でも）「レバント（Levant）」と言われる。このため、ＩＳＩＬとの表記もある。

「イスラム国」は二〇一四年六月二十九日、シリア北部のラッカを首都に、独立を宣言、ＩＳ（Islamic State）と名乗るようになった。本書の著者、パトリック・コバーン・英紙『インディペンデント』中東特派員は、ＩＳではなくＩＳＩＳの呼称を採用している。

た。その広がりはイラクのイラン国境から、イラク北部のクルディスタン〔クルド人自治区〕、さらにはシリア最大の都市、アレッポの郊外に及んでいる。ＩＳＩＳの急激な勃興は、戦いの勝利を重ねるたびに苛烈さを増した。

敵がどんなに増えようと、気にもかけないようだった。おかげで長い間、敵対関係にあった米国とイランも、原理主義に対する恐怖の一点で手を結んだ。サウジアラビアや湾岸のスンニ派の王国が米国のシリア空爆に参加したのも、ＩＳＩＳを一九九〇年のサダム・フセインによるクウェート侵攻後、最も大きな生存の脅威、中東の現状維持に対する脅威として実感したからだ。

こうしたなかで、イラクとシリアは崩壊の瀬戸際へと追い込まれて行った。シーア派、スンニ派、クルド人、アラウィー派〔シリア山岳地帯を中心するイスラムの分派。シーア派系。アサド大統領らシリアの政府・軍幹部に多い〕、クリスチャン……イラクとシリアの各派は、生き残りをかけ、戦い始めた。

ＩＳＩＳは、その独善的なイスラム主義を強制するのに容赦なかった。「背教者」や「改宗者」、自分たちに従わず刃向って来る者の全てを、殺し、追放した。ＩＳＩＳの指導者たちは、イラク、シリアでこの十年続いて来た内戦の落とし子だった。

自爆攻撃をして殉教者になる、それが彼らの効果的戦術の中心だった。反対する者を恐怖の底に突き落とすため、残忍な暴力を公然と行使する。そのやり方は四十年前、クメール・ルージュがカンボジアで行なって以来、国際社会が目にしたことのないものだった。

二〇一四年六月十日が決定的な日付だった。ＩＳＩＳはイラク北部の中心都市、モスルを占拠したのだ。四日間の戦闘で落とした。

そしてその年の九月二十三日。こんどは米国がＩＳＩＳの勢力拡大を阻もうとシリア空爆を開始した。

このふたつの出来事の間、わずか百五日間で、ＩＳＩＳはイラク、シリアを蹂躙した。数と装備に勝る敵をいとも簡単に打ち破った。彼らは、神の意志で自分たちは勝ったと信じた。彼らとしては驚くまでもない当然の勝利だった。

イラク政府軍には三五万の正規軍がいた。二〇一一年以降三年間に支出された軍事費は四一六億ドル。イラク政府軍はしかし、ろくな戦いもせず、溶けて消えた。クルディスタンの安全な地に向かう道路わきは、イラク政府軍の制服と装備の捨て場になった。イラク北部、西部のクルド人居住地区以外の支配権は、たった二週間でＩＳＩＳの手に落ち、その月、二〇一四年の六月が終わるまでに、イラクからシリアの深部にいたる「カリフ国」*の樹立が宣言された。

＊カリフ国　カリフはイスラム教の開祖、預言者ムハンマド（マホメット）の後継者を意味する。カリフ国とは、カリフによって建国されたイスラム国家で、一三世紀に崩壊した。ＩＳＩＳは、アル・バグダディ指導者が自らをカリフと名乗り、建国を宣言した。ただし、カリフとは英語で、アラビア語では「ハーリファ」。

アル・バクダディ指導者〔第四章を参照〕は言った。「アラブ人もアラブでない人も、白人も黒人も、東の者も西の者も皆、兄弟……シリアはシリア人のものではなく、イラクはイラク人のものでなくなった。大地はいまやアラーのものだ」。

バクダディ指導者のこの言葉は、軍事的な勝利の興奮の中から発せられたものだった。その興奮はシリアや、イラク・クルディスタンで、配下の者が敵を圧倒し、打ち破るにつれ、さらに強まった。

八月になると、イラク・クルド自治区の中心都市、エルビルに危機が迫った。米国のイラク空爆はそれによって発動され、九月二十三日にはシリア空爆へと拡大した。

米軍の航空戦力は、ＩＳＩＳを一掃するには不十分なものだったようだ。それだけで封じ込めることはできなかった。しかしそれはＩＳＩＳに、重武装の戦闘員を車〔イラク政府軍から奪った米国製装甲車両「ハンヴィー」が多かった〕に詰め込み、前線に送り込むという、通常戦に近い戦闘方式を放棄させるものになった。ＩＳＩＳはゲリラ戦に転じた。

シリアのアサド政権やシリアのクルド人との戦い、あるいは二〇一四年一月以降、シリア国内で戦い始めた他の反政府グループとの内戦においても、ＩＳＩＳはもはや敵を一発で倒せるものとは思っていない。

この百日で、イラクの人びとの日常は変わった。変化は至るところで見られた。バグダッドの人びとは電気があてにならないので、プロパンガスで煮炊きしている。それが間もなく、キルクークからガスボンベが届かなくなり、慢性的な燃料不足に陥った。

北からの輸送路が、ISISの戦闘員によって遮断された。クルド自治区の首都、エルビルからバグダッドへ向かうトラックを一台雇うにも、今では片道一万ドルもかかる。一ヵ月前には五〇〇ドルで済んだのに、そこまで跳ね上がった。

武器や銃弾の値段が急騰しているのも、一般のイラク人にとって不吉な兆候である。戦乱が目の前に近づいている証拠だからだ。AK47ライフルの銃弾、たった一発の値段が、三倍に急騰して三〇〇〇イラク・ディナールになった。これは米ドルで約二ドルに相当する。武器商人からカラシニコフ自動小銃を買い込もうとしても品切れで、いまやほとんど見つからない状態。ピストルはそれでもまだ手に入るが、一週間で三倍の値段になった。

こうしてほとんど全員が銃で身を守るようになった。太鼓腹を白シャツで包んだバグダッドの交通警察官さえ、小型軽機関銃を持ち歩くようになった。

バグダッドをはじめシーア派の街の街路に、武装したシーア派民兵の姿が数多く見られるようになった。そのなかには、イラク・シーア派の反米指導者、ムクタダ・サドル師〔二〇〇四年に、民兵組織「マハディ軍」を使って、駐留米軍に武装抵抗したこともある、シーア派強硬指導者〕の運動から分かれた「アサイブ・アフル・ハック」の民兵の姿もあった。このシーア派民兵組織は、イラクのマリキ首相（二〇〇六年から二〇一四年まで在任。シーア派）とイラン配下のものである。民兵が街に出現したのは、イラク政府軍・治安部隊の崩壊ぶりを見せつけるものであり、イラク政府が首都バグダッドを守るため、シーア派民兵組織に頼らざるを得ない現状を示すものだ。マリキ首相が挙げた数少ない実績のひとつは二〇〇八年にシーア派民兵組織を抑え込んだことだが、皮肉にもいま、その民兵たちに戻って来るよう励ましているのだ。

その結果、夜間、死体が遺棄されるようになった。IDカードが奪われているのでよくわからないが、シーア派の暗殺部隊に殺されたスンニ派住民の遺体とみられる。イラクはいま、二〇〇六年から二〇〇七年にかけての、スンニ派とシーア派の内戦時に匹敵する、宗派間虐殺の応酬の淵に沈み込もうとしているようだ。

二〇一四年におけるISISの「百日」は、二〇〇三年の米英軍の侵攻でサダム・フセイン体制が転覆されたことで始まったイラク現代史の新段階に終止符を打つものだ。この間（二〇〇三年から二〇一四年）、旧体制および外国の同盟者を放逐し、イラクを構成するクルド、スンニ、シーアの三つのコミュニティーがバグダッドの政治権力を分け合って、新しいイラクをつくり上げる試みが続けられて来た。それが惨憺たる結果に終わった。

新しいイラクを産みだすプロジェクトは今後とも再生は不可能なように思われる。クルド、スンニ、シーアの分断はいまやあまりにも際立ち、激しく深いものになっているからだ。

イラク国内の権力バランスが変動している。イラクの事実上の国境線も変化している。拡張したクルディスタンはますます独立性を強めている。クルド人は今回の危機を、これまで自分たちの領土だと叫んで来た地域を保全する機会に利用している。イラクとシリアの国境線はもはや存在しない。

ＩＳＩＳは「恐怖」の専門家である。シーア派のイラク政府軍兵士やトラック運転手たちの処刑ビデオは、モスルやティクリットの攻防戦でシーア派兵士を恐怖に震えさせ、その士気を低下させるのに重要な役割を果たした。八月、クルド自治政府の治安部隊、ペシュメルガ〔クルド兵〕を壊滅させた際の無残な場面もインターネットで流れた。

しかし「恐怖」はまた、かつて互いに敵対していたものの、かなりの部分をＩＳＩＳに対抗する一点で協調させてもいる。米国とイランはイラクをめぐって表面上は非難の応酬を続けている。しかしこの年の九月、イランがコントロールするシーア派民兵たちがバクダッドから北に進出し、アメルリのシーア派トルクメン人〔中央アジア南西部を中心に居住する民族〕たちに対するＩＳＩＳの攻撃をやめさせようとしたとき、その進軍が可能となったのも、ＩＳＩＳの陣地に米軍が空爆を加えたからだ。

そのころ、信用を失った首相のマリキはアバディ新首相〔二〇一四年八月、首相に指名された。シーア派〕に交代したが、首のすげ替えを支持したのはワシントンとテヘランだった。マリキは一時、バグダッド中心部に配置した手兵を動員し、抵抗しようとしたが、クーデターを起こしてはならないと厳しく警告したのはイランと米国の当局者だった。

米国、イランのスポークスマンは両国が積極的に協力し合っていることを否定している。しかし当面はISISに対し、パラレルに動いて行かざるを得ない。そこで第三者や諜報機関ルートを使って互いの意図を知らせ合っているのだ。

でもこれは、特段珍しいことでもない。イラクの人びとは、こんなシニカルな言い方をする。イラクのことになると、「イラン人とアメリカ人はテーブルの上では怒鳴り合っているくせに、テーブルの下では手を握り合っている」と。

こうした陰謀論は極端なものになりがちだが、一方に米国とヨーロッパの同盟国が、他方にイランとシリアの政府がいる関係のなかで、ワシントンの言行不一致のギャップがかつてないほど大きくなっていることは確かだ。

ISISによるクルド人、とりわけクルド人ヤジディ〔イラク北西部に伝わるクルド人の民俗宗教〕教徒に対する八月初めの攻撃は、米国のイラク関与の歴史に新たな章をひらくものになった。このクルド人に対する攻勢で、クルド人民兵組織のペシュメルガは短時間で敗北した。イラク政府軍よりは強いとみられていたペシュメルガが簡単に負けてしまったことで、ISISの軍事力に新たな注目が集まった。

しかしこれはたぶん、ペシュメルガの力が誇張されたせいである。なにしろ彼らは四半世紀にわたり、内輪もめ以外で戦ったことはなかったのだから。

事情通はペシュメルガのことを、「ペーシュ・メルバ」〔フレンチ・レストランの桃のデザート。英語では「ピーチ・メルバ」〕のようなものだとからかい、「山で待ち伏せすることだけが取り柄なのさ」と皮肉られる程度の力量だった。

それはともかく、クルド人に対するISISの速やかな勝利は米国を動かし、クルド自治区の首都、エルビルを防衛する空爆介入に踏み切らせることになった。

米国はそれ以来、イラクでの戦争に回帰した。嫌々、戻った。米国は二〇〇三年にイラクに侵攻した時より、この国の複雑さを、この国で戦うことの危険を十分、心得ていた。にもかかわらず戻ったのだ。

だからオバマ大統領ら米国の当局者は繰り返し、こう言い続けることになった。バグダッドにはより信頼できるパートナーが必要だと。マリキ政権以上にイラクを取り纏《まと》め、宗派性の低い政権が必要だと何度も語ったのである。

ワシントンは、スンニ派のコミュニティーをISISから分離し、過激な者たちを隔離することを考えていた。賢明な狙いだった。二〇〇七年の米軍の「サージ（増派）〔ブッシュ政権がイラク安定のため米軍三万六〇〇〇人を増派〕」の際にも、これに近いことが試みられていた。

米国はこんな考えを示した。スンニ派の少なくとも一部に歩み寄りを期待するのであれば、バグダッドにはスンニ派と、権力および職務を分け合う政権がなければならない。

これはスンニ派にとっても「言うは易し、行なうは難し」だった。「イスラム国」に生きるスンニ派の多くは新しい支配者を嫌い、怖がっていた。しかしイラク政府軍やシーア派民兵、クルド人、シリア政府軍、シリアのアサド大統領派民兵の方が、それにも増して恐ろしかった。

そんなイラクやシリアのスンニ派住民が直面するジレンマを、モスルに住むスンニ派の女性は、こうメールに書いてきた。この年の九月、モスルの彼女の住区がイラク政府軍機の爆撃を受けた後、ISISが入って来た。彼女にはISISを嫌う、あらゆる理由があった。しかし彼女のようなイラク・スンニ派にとってバグダッドの政権は、憎むしかない敵だった。長いメールだが、紹介しよう。

爆撃はイラク政府によって行なわれたのです。空爆は一般住民だけが住む住区に対し照準を合わせて行なわれました。彼らとしてはISISの二つの基地を攻撃のターゲットにしたかったのかも知れません。しかし空爆のたびに、ターゲットを外したのです。

爆撃されたのは、住宅でした。その住宅は、ISISの戦闘員たちが占拠して暮らす教会に接続していました。その住宅は住区の発電設備の隣にあります。わたしの家から二〇〇～

三〇〇メートル離れたところにあります。

空爆は一般住民だけを傷つけ、発電機を破壊しました。おかげで昨夜以来、電気を使えません。わたしはいまこのメールを無人になった妹の家で打っています。

イラク政府は一人のＩＳＩＳ戦闘員にも攻撃を加えていません。

恐ろしい夜が明け、親類がわたしたちの安否を確かめにやって来ました、親類が言うには、政府の空爆が若者たちをＩＳＩＳに走らせているのだそうです。百人単位でなければ、数十人単位で、まとまってＩＳＩＳに加わっているのです。イラク政府に対する憎悪がそうさせているのです。

スンニ派がいくら殺されようと、攻撃目標にされようと政府は気にも留めないのです。

政府の部隊が向かったのは、アメルリです。そこはシーア派の村です。周りには数十のスンニの村があります。そのアメルリはＩＳＩＳの手に落ちていません。政府の民兵たちはアメルリを囲むスンニの村を攻撃しました。数百人を殺しました。それをアメリカが空爆で支援したのです。

こうした状況はシリアでもほとんど同じだ。アレッポ周辺のスンニ派の町や村を占拠したＩＳは、盗賊になりかけた他の反乱グループよりは人気がある。ＩＳＩＳはこの攻勢で、シリア政府軍に対し過去三年間で最も深刻な打撃を与えている。それはシリア東部のタブカにある、堅固に防衛された空軍基地を陥落させたことだ。

国連のシリア調査委員会のメンバーである、カレン・コーニング・アブザイドは、シリアの反政府武装派がＩＳＩＳへ加わっていることについて、こう語った。「彼らは、ＩＳＩＳの方がベターだと思っているわけです。この連中は強い、戦闘で勝っている。金も手に入れている。俺たちを訓練してくれる」と。

米軍の空爆はこの先たしかに、ＩＳＩＳの戦闘員を死傷させ、彼らが車列をつくって路上を走行することを難しくするだろう。しかし米軍機のターゲットになるということは、ＩＳＩＳにとって有利なことでもある。空爆は必ず、一般住民の犠牲を伴うからだ。

空軍力は、地上の同盟者の代わりには決してならない。むしろ、地元の人びとを相手の方に追いやる点で逆効果になりかねない。空爆でＩＳＩＳの戦闘員を何人か殺すことはできる。しかし問題はそのあとに起きる。さらに多くの者が、殉教者になる意思表示をして、イラクやシリアの戦場に向かうことになるのだ。

十月の初め、空爆のみでＩＳＩＳの攻勢を抑えきれないことが明らかになった。ＩＳＩＳの戦闘員たちはシリア北部のクルド人の町、コバニ〔アラビア語でアイン・アル・アラブ〕に迫り、イラクのバグダッド西方ではイラク政府軍と戦闘を繰り広げた。

米国主導の有志連合の政治的な脆《もろ》さも明らかになり始めた。サウジアラビア、アラブ首長国連邦（UAE）、トルコといった有力参加国は、ISISに対してと同じだけ、アサド政権やシリアのクルド人などISISと地上戦を戦っている者に対しても敵意を持っているからだ。

その月、十月の二日、ハーバード大学の政策研究所で開かれた「ジョン・F・ケネディ・ジュニア・フォーラム」で米国のバイデン副大統領は、ワシントンが中東地域やシリアにおける同盟者たちについて、ほんとうはどんな目で見ているのか率直に語った。副大統領は聴衆に向かって、サウジアラビア、UAE、トルコの三カ国の名前を挙げ、こう述べたのだった。

〔それらの三ヵ国は〕シリアのアサドを打倒しようと本気になっているのです。そして実質的にスンニ・シーア戦争の代理人になっています。彼らは何をしたか？　彼らはアルカイダや〔その下部組織の〕ヌスラ戦線から支援されている者、そして世界中から聖戦士として集まってくる過激派分子を除く、アサドと戦うすべての者に対して、数億ドルの資金と数万トンの武器を供与したのです。

そしてバイデン副大統領は、こう付け加えたのだ。ISISはイラクで圧力にさらされても、シリアで盛り返せる状態を維持していると。

そしてなんと、シリアの「穏健派」をリクルートし、アサドおよびＩＳＩＳと戦わせる米国の方針について、米国はシリアに「穏健派の中流層が存在しないことを知っているのです。中流層として存在するのは商人だけ。兵士に中流層はおりません」と語ったのである。

「イスラム国」が生まれたとき、ほんとうはどんな力が働いたか、そしてまたイラクとシリアで続く現下の危機において、何がほんとうの力として働いているかを、これほど正確に描き出した発言は稀である。

第1章

勃興

The Rise of ISIS

イラクの北部と西部、そしてシリアの北部、東部の広大な地域に広がる、新しいアルカイダ型運動、ＩＳＩＳの支配地は、以前オサマ・ビンラディンによって統治された面積の数百倍にも達している。

アルカイダのメンバーや同調者たちにとって「イスラム国」はビンラディンの死後に手にした最大の成功と言える。

ＩＳＩＳによるシリア東部のラッカの奪取は、二〇一三年三月のこと。シリアの県都で反乱者の手に落ちたのは、このラッカだけだ。

翌二〇一四年一月、ＩＳＩＳはイラクの首都、バグダッドからちょうど四〇マイル離れたファルージャを制圧した。十年前、米海兵隊が攻略したことで有名な都市だ。それから数ヵ月のうちに、モスルやティクリットの街も奪取している。

戦いの前線は押したり引いたりで動いている。しかしＩＳＩＳの支配の拡大傾向を逆転させることは難しい。

この年、二〇一四年の六月、イラクの中・北部で速攻戦を多方面で展開したＩＳＩＳの戦闘員たちは、いまや世界で最も強力で影響力のある聖戦グループとして、アルカイダを凌《しの》ぐものになった。

こうした新たな情勢の展開は、西側の多くの人びとに衝撃をもって迎えられた。政治家や専門家でさえ、事態の推移の速さに考えが追いつかないありさまだった。

現地の情勢が伝わらなかった理由のひとつは、ジャーナリストや外部のオブザーバーにとって、現地入りのリスクが高すぎたためだ。拉致、殺害される危険がきわめて高かった。「外国のメディアを守っていた連中が、いまや自分の身も守れなくなっているんだよ」と、わたしに教えてくれたのは、ある肝のすわった特派員氏である。シリアのＩＳＩＳ支配区域に入ったら最後、生還は望めない、と言った。

取材者が入らないことは米国や西側諸国にとって実は、もっけのさいわいだった。あの「9・11」から続く、いわゆる「テロとの戦い」がどれだけ破局的な失敗に終わったかを、知られずに済ませることができるからだ。

「テロとの戦い」の失敗は、西側政府によっていまなお目隠しされている。西側政府は自分さえも欺き、隠し立てしているのだ。

二〇一四年五月二十八日、オバマ大統領はウェストポイントの米陸軍士官学校で、世界における米国の役割を語った際、こう述べた。

今や米国に対する主たる脅威はアルカイダ中枢からのものではなく、「自分たちの活動する国の問題に焦点を合わせた、世界に散らばったアルカイダのメンバーや過激派」からのものに変わった、と。

そのうえでオバマ大統領は、こう言葉を継いだのだ。「シリアの内戦が国境を越えて飛び散るなかで、われわれを付け狙う、戦闘で鍛えられた過激派集団は増える一方である」と。

これはたしかにその通りだ。しかし、オバマがそこで示した危険の解決策なるものは、彼自身の言葉で言えば、「テロリストらに代わるベストの選択肢を提供するシリアの反体制派の人びとへの支援を強める」――程度のものでしかなかった。

六月までにオバマは連邦議会に対し、シリア反体制派のなかから「適切に選び出した」メンバーに訓練と装備を施すため五億ドルの支出を認めるよう要請した。ここに実は、生々しい欺瞞の意図が隠されていた。バイデン副大統領がその五ヵ月後に認めたように、シリアの反体制勢力はすでに、ISISはもちろんのことヌスラ戦線、アルカイダの公式メンバー、その他の過激な聖戦グループによって支配されていたのである。アメリカが夢想した、穏健派の反対派と過激派を分ける壁など、どこにもなかった。

シリアに隣接する中東某国の諜報部の将校は、わたしにこう言って教えてくれた。ISISのメンバーは「こう言っているのです。アサド政権に反対する他のグループに精巧な武器が渡っても、ISISにとってはうれしいことなのです。脅したり金をつかませれば、どんな武器でも手に入ると言っているのです」。

これは実体のない豪語ではない。米国の同盟国であるサウジアラビアやカタールがシリアの反アサド勢力に供給する武器は、イラクに流れ、「イラク政府側に」定期的に捕獲されているのだ。

こうしたシリア反政府勢力への武器の供与が、まわりまわってどんな結果が生んでいるか？これはモスル陥落前の小さな例だが、わたし自身の経験を紹介しよう。

二〇一四年の夏、わたしはバグダッド行きの航空券を手に入れようとした。一年前に利用したヨーロッパの信頼できる航空会社の便を申し込んだ。イラクの首都行きの便はしかしすでに運行を停止していた。

航空会社は、反政府派の戦闘員が肩がけで発射する対空ミサイルを入手しているのではないか、と恐れていた。もともとはシリアの反アサド・反政府勢力に供与された対空ミサイルだった。それがイラクに持ち込まれ、バグダッド国際空港へ飛来する民間航空機に向けて発射されるかも知れないと。

シリアの反政府派への西側の支援はアサド体制を転覆させるのに失敗したかも知れないが、イラクの政治家たちの長年の予想通り、イラクを不安定化させるのには成功したわけだ。

「テロとの戦い」の失敗、およびアルカイダの甦り《よみがえ》については、あの「9・11」同時多発テロ攻撃が発生して数時間以内に明らかになったことを見れば、より説明がつくだろう。当時のワシントンの動きで明らかになったことは、米国の同盟国であるサウジアラビアやパキスタンと対決しなくとも「テロとの戦い」は戦える、との認識が米政府にあったことだ。この両国の関与なしに「9・11」は起こらなかったはずなのに、ワシントンはこの認識で動き出したのだ。ハイジャック犯一九人のうち一五人がサウジ人だった。おまけにビンラディン自身がサウジアラビアのエリート層の出だった。その後に出された米政府文書は、アルカイダやほかの聖戦グループに対し、サウジアラビアや湾岸諸国が資金援助していたことを繰り返し強調するものだった。

パキスタンについていえば、陸軍および軍の情報部は一九九〇年代の初め以来、タリバンをアフガニスタンの権力へ押し上げるうえで中心的な役割を果たし続けた。そのアフガニスタンこそ、彼らがビンラディンやアルカイダを匿《かくま》った場所である。「9・11」事件とそれに続く短い中断のあと、パキスタンはアフガニスタンのタリバンに対する支援を再開した。

タリバン支援に果たしたパキスタンの中心的な役割について、アフガニスタン・パキスタンに対する米国の特別代表を務めた故・リチャード・ホルブルックは、こう語ったものだ。「われわれは間違った国で間違った敵と戦っているのかも知れない」。

サウジアラビアが果たしている役割の増大、さらにはアルカイダの回帰問題についてはまだ誤解があり、その重要性は見過ごされている。サウジアラビアがなぜ影響力があるかといえば、その石油と膨大な資産が、中東およびその先の世界に対するサウジアラビアの存在感を強大なものにしているからだ。

しかしサウジアラビアを重要なプレイヤーにしているのは、資金的なことだけではない。もうひとつのファクターは、ワッハービズムの教宣である。一八世紀に興ったイスラムの原理主義であるワッハービズム*はシャリア〔イスラム法〕を厳しく課すものだ。「婦人」を二等の人間とみなす一方、シーア派やスーフィー教徒〔イスラム神秘主義者〕を、キリスト教徒やユダヤ教徒と同様、「非イスラム」として迫害すべき、としている。

こうした宗派的な不寛容と政治的な権威主義は、暴力の行使に結びつきやすい点で一九三〇年代のヨーロッパのファシズムとも多くの点で似ているのだが、いまや改善に向かうどころか逆に悪化し続けている。

＊一八世紀に、急進的なイスラム法学者のワッハーブによって創始された宗派で、スンニ派に含まれる。ワッハーブ派とも。厳格な字義解釈にこだわるサウジアラビア独特のイスラム宗派。禁酒など戒律に厳しい。

サウジアラビアを支配するサウド王家によって守護されている。このためサウジアラビアは「ワッハービズムの王国」とも言われる。サウジアラビアでは教育も裁判も、このワッハービズムで独占的に行なわれている。

ワッハービズムの特徴は、非イスラムはもちろん、自分以外のイスラム宗派をすべて認めていないところにある。とくにシーア派は同じイスラムにもかかわらず異教徒扱いだ。

この「ワッハービズム」は他称で、「ムワッヒドゥーン（一神論の徒たち）」を自称する。他の宗教・イスラム宗派を「多神教」として否定するのは、この「一神論」の自己規定による、とされる。

ＩＳＩＳには、ワッハービズムで育ったサウジアラビア出身の聖戦士が数多く参加し、イラクの戦場ではシーア派が権力をにぎるイラク政府軍に対して、殉教をいとわない戦いを挑んでいる。

ワッハービズムはＩＳＩＳ以外のアルカイダ型組織やスンニ派過激組織にも影響を及ぼしているとみられる。しかしＩＳＩＳは特別で、残虐行為を自ら宣伝してやまない暴力性を持っている。

サウジアラビアはその膨大な財力（石油資金）を背景に、全世界のスンニ派社会に対して、ワッハービズムの教宣を続けている。

たとえばこんなことがあった。聖職者の批判もできるリベラルなウェブサイトを立ち上げたサウジ人がいた。彼は裁判にかけられ、鞭打ち千回、入牢七年の刑に処せられた。

アルカイダもＩＳＩＳも、そのイデオロギーをこのワッハービズムから引き出している。こうしたイスラム教の新たな復古傾向に対し、イスラム世界の内部からも批判者が出ているが、批判を続けることをできないでいる。追放されるか殺されるかのどちらかだからだ。

二〇〇三年、カブールで、アフガン人の編集者が聖戦の指導者たちを「聖なるファシスト」と非難したことがあった。イスラム教を「権力奪取の道具」と曲解し悪用していると批判したのだ。編集者はイスラム教を侮辱する者と逆に責め立てられ、国を出なければならなくなった。驚くまでもないことだった。

このワッハービズムが、イスラム教の主流であるスンニ派を席巻している——それがここ数十年のイスラム世界における特徴的な展開である。サウジアラビアはスンニ派の国々に対し、説教者の教育訓練とモスクの建設のための資金の供与を次から次へと続けている。その結果として起きているのが、スンニとシーア間の宗派対立の激化である。

チュニジアからインドネシアまで、シーア派の人びとは、自分たちがこれまで経験したことのない空前の悪意の標的にされていると感じるまでになっている。こうした宗派対立は、シリアのアレッポ郊外や、インド・パキスタンにまたがるパンジャブの村々に限られたものではない。イスラム教徒の暮らすところ、そのすべての場所において、スンニ・シーア間の宗派関係に毒を注いでいる。わたしの友人の、ロンドンに住むイスラム教徒はこう教えてくれた。「英国に住むスンニ派、あるいはシーア派の人間に、住所録を見せてもらったらいい。自分の宗派以外のアドレスは、ほとんどないはずだよ」。

ＩＳＩＳがモスルを奪取する前から、オバマ大統領はわかっていたのだ。アルカイダ型の過激集団の力が、かつてないものに強まっていることに気づいていたのだ。しかし、オバマの処方箋はこれまでの過ちの繰り返しであり、悪化させるものでしかない。「われわれは、われわれの側に立って戦うパートナーを必要としている」と、オバマはウェストポイントの士官学校で言った。しかし問題は誰がその、アメリカの立場に立って戦う「パートナー」になるのか、ということである。オバマの口からはこのとき、サウジアラビアやカタールの名は出なかったが、それはこの二つの国がシリア内戦ですでに米国の密接かつ活動的な「同盟国」としてあり続けているからだろう。オバマがこの二ヵ国の代わりに、「シリア国境を越えて活動するテロリストたちとの対決」で援助する「パートナー」として挙げたのは「ヨルダンとレバノン、トルコとイラク」だった。

どこか倒錯したところのある言明だった。シリアやイラクで活動する外国人の聖戦士は――彼らをオバマは「最大の脅威」としたのだが――五一〇マイルに及ぶトルコ・シリア国境をトルコ当局の妨害なしに越境できるからこそ、シリア、イラクに入り込むことができていたのだ。

そんなトルコも、そしてヨルダンも、あるいはサウジアラビアさえも、自分たちの援助で生まれたISISというフランケンシュタインのようなモンスターに今や慄《おのの》いているのかも知れない。ここまで育った以上、ISISは抑え込みがほとんど効かないところへ来ている。九月の米軍のシリア空爆で、米国がサウジアラビアやUAE、バーレーンに対し参加や支援を迫った、口には出さない本当の狙いは、〔米国の側に立って戦うパートナーとなって〕シリアの聖戦グループとの関係を断ち切れ、というものだった。

サウジアラビアや湾岸のスンニ派絶対王政と手を組んで、シリア、イラク、リビアに人権とデモクラシーを広げる――そんな米国と西側同盟諸国の方針には、空想のなかでの思い込みといった滑稽さがある。中東での米国の覇権は二〇一一年において、二〇〇三年のそれと比べ弱体化した。米軍〔陸軍〕はイラク、アフガニスタンにおいて所期の目的を達成できなかったのだ。

武装抵抗が二〇一一年に起きたのは、湾岸の王や首長らから巨額の資金援助を受けた聖戦士やスンニ派過激派、反乱組織の軍事部門が決起したからだ。湾岸諸国が長年にわたり築き上げてきた確固たる警察国家を前に、世俗的、非宗派的な反対運動は隅に追いやられ、沈黙を余儀なくされるか殺されるかの運命を辿った。民衆の蜂起が変質して行くありさまを世界のメディアは遅まきながら、スローペースで気づきだした。

反乱のなかから登場したイスラム主義者たちは、露骨なほどおおっぴらに、自分たちの宗派の優先事項を進めた。たとえばリビアで反乱に勝利した者たちが最初に呼びかけたものは、カダフィ政権で禁じられていた「一夫多妻」の合法化だった。

そんななかから生まれた「イスラム国」は戦争の落とし子である。彼らは世界を、彼らを中心に戦争の暴力でもって再編しようとしているのだ。ISISの運動の宗派的な狂信と軍事技術が力強く混じり合い、毒を放っている姿は、二〇一三年の米軍侵攻以来のイラクでの戦い、および二〇一一年以来のシリア内戦の帰結である。

イラクでの暴力が引き潮になったそのとき、シリアのスンニ派アラブによって戦乱は甦った。西側の政府やメディアのコンセンサスでは、イラクの内戦はマリキ首相の宗派的な政策で引き鉄が引かれたことになっている。

実際は違う。シリアでの戦いがイラクを不安定化させたのだ。当時、「イラクのアルカイダ」(二〇〇四年、ヨルダン人のザルカウィによって創設。ISISの母体)と呼ばれたISISのような聖戦グループが、自分たちが支配を広げることができる「新たな戦場」をイラクに見出した時、イラク内戦は激化したのである。

「イスラム国」が勃興し得る状況を創り出したのは、米国とヨーロッパであり、トルコ、サウジアラビア、カタール、クウェート、UAEといった中東地域の同盟国だった。彼らはシリア内戦を、二〇一二年段階ですでにアサド体制は崩壊しないとわかっていながら持続させた。

アサドはシリアの一四の県都のうち一三の支配を続けている。ロシア、イランとヒズボラ〔レバノンのシーア派武装組織〕がアサドを支えて来た。にもかかわらずアサドは二〇一四年一月、和平交渉「ジュネーブⅡ」で、和平の条件として権力移譲を突き付けられることになった。アサドが自分から権力を手放し、出て行くわけがなかった。

ISISにとって格好の活動の場が与えられた。米国および同盟国は目下、イラクとシリアのスンニ派コミュニティーを過激派と敵対するよう仕向けているが、内戦という激動の最中にある以上、それは今後とも困難なものになるだろう。

アルカイダ型の聖戦グループの再登場は、シリアやイラクおよびその周辺国に限られた脅威ではない。これらの国々でいま起きていることは、世界各地のスンニ派コミュニティーに対する、不寛容かつ独善的なワッハービズムの支配拡大と相俟って、人類の全人口の四分の一を占める全世界一六億のイスラム教徒全体に対して、次第に影響力を強めるものになるだろう。西側世界のように、ここはイスラム社会ではないから紛争に巻き込まれないということはありそうもない。

甦ったイスラムの聖戦主義はすでにイラク、シリアの政治に地殻変動を起こしているが、グローバルな政治に対しても、わたしたちすべてに直接的な結果を及ぼすかたちで、射程の長い影響を及ぼしているのである。

第２章

モスルの戦い

The Battle of Mosul

「イスラム国」の戦闘員がイラク第二の都市、モスルに対して攻撃を開始したのは、二〇一四年六月六日のことだった。四日後、モスルは陥落した。

驚くべき勝利だった。ＩＳＩＳはおよそ一三〇〇人の勢力。対するイラク政府軍・連邦・地方警察は、公称六万の大軍。

数におけるこの圧倒的な差はしかし、見た目ほどのものではなかった。この国の腐敗はイラク治安部隊を蝕《むしば》んでおり、そのとき実際にモスルにいた兵士は、そのわずか三分の一。残りは給料の半分を上官に差し出して、さっさと自主退役していた。

モスルは長い間、とくに危険な街であり続けて来た。「イラクのアルカイダ」（ＩＳＩＳはもともとこの名称で知られていた）は、スンニ派が大半を占める人口二〇〇万のこの大都市に強力な拠点を維持していた。ビジネスや商売の上りの一部を「警備料」として定期的に徴収していた時期もあった。

わたしのバグダッドの友人の実業家が、モスルに開いていた携帯電話の店を閉じると言ったのは、二〇〇六年のことだ。アルカイダに金を払うのが嫌で閉店することにしたのだ。

翌年のモスルに対する米軍の「サージ（増派）」作戦で、アルカイダを根絶やしにしたという「成功」談も、実は誇張されたものだ。アルカイダがモスルの実権を握り続けていた事実を無視するものだ。

モスル陥落から数週間後、わたしはトルコのビジネスマンにバグダッドで会って話を聞いた。彼はモスルで過去数年にわたり、大規模な建築工事に携わっていた。その際、モスルの族長やISISの指導者たちから、警備料としてなんと月に五〇万ドルを要求されたという。「それでわたしはバグダッドの政府当局者に何度も何度も訴えたのですが、アルカイダに払う金を工事の契約代金に上乗せすればいいと言うだけで何もしてくれませんでした」と、そのビジネスマンは言った。

「イスラム国」には、自分より大きな相手を打ち負かせる有利さがあった。彼らが活動するイラク北・西部、シリア東部のユーフラテス、チグリス川峡谷地帯や荒涼たる草原や砂漠地帯は、国境のどちら側も似通っていた。しかし風土は同じでも、政治的・軍事的な状況は国境線の両側では大きく違う。ISISの司令官たちは状況を見て、ここぞというときに戦闘員たちを有利な方へ動かし、奇襲攻撃で敵兵をとらえる作戦を続けた。

このようなやり方でISISは六月にモスルとティクリットを奪取したが、南のバグダッドを攻撃することはなかった。七月にはシリア政府軍に連続して損害を与え、八月になると、イラクのクルド自治区に攻め込んだ。そして九月には、トルコ国境にあるシリア・クルド人の町、コバニに襲いかかる。ISISはこのように、シリアとイラクにまたがって活動することで、力を増強して来たのである。

二〇一四年六月のモスル陥落はかくして、イラク、シリア、そして中東の歴史における転換点となった。モスルはいかに攻略され、なぜ陥落したか。少し詳しく、見ておくだけの価値はある。

モスル攻撃に先立つ準備段階でＩＳＩＳは、北部イラクのさまざまなターゲットに対して陽動作戦を仕掛けた。これはおそらく、イラク政府や政府軍をどっちつかずの心理状態にしておき、なるべく長い間、真のターゲットを隠す戦術だった。最初、重機関銃で武装した戦闘員を満載する車列が、サラハディン州の州都、サマラに雪崩《なだ》れ込んだ。六月五日のことだ。そしてサマラの街の大半を占拠する。

このサマラ侵攻は、イラク政府の反撃を間違いなく引き出すものだった。サマラはスンニ派住民が大半を占める街だが、そこはシーア派の最も聖なる聖廟のひとつ、アル・アスカリ寺院〈シーア派第十二代イマーム〈指導者〉の廟とされる〉の所在地でもあったからだ。二〇〇六年のこの聖廟に対する爆弾攻撃はシーア派の憤激を買い、バグダッド中でスンニ派住民が虐殺される事態を招いた。このためイラク政府軍は、最精鋭の「黄金師団」のヘリを定期的に飛ばし、敵戦闘員を駆逐する作戦を続けていた。

ＩＳＩＳのもうひとつの陽動作戦は、〈同年六月八日〉アンバール州の州都、ラマディに対して行なわれ、大学キャンパスの一画を占拠、数百人の学生を一時、人質に取った。そうしたなかでバクダッドの北東にあるバクバでは、自動車爆弾による攻撃が地元のテロ対策事務所に対して行なわれた。ここでもまたＩＳＩＳの戦闘員たちは攻撃を最後まで続けず、早々と切りあげ撤退した。

モスルに対する攻撃は、最初のうちハッキリしなかったが、より本格的なものだった。迫撃砲による砲撃で掩護《えんご》された自爆攻撃が五回続いたのが始まりだった。バース党ナクシュバンディ〔サダム・フセイン政権のナンバーツー、ドーリー元革命評議会副議長が率いる教団軍といわれる〕やアンサール・アル・イスラム〔イラク・クルディスタンで活動するスンニ派武装組織とされる〕、ムジャヒディン軍〔イラクのスンニ派武装グループ。二〇〇四年後半から登場〕など他のスンニ派武装組織も、ＩＳＩＳの攻撃に参加した。これらの組織がＩＳＩＳとどれだけ距離を置いて行動しているかは定かではない。

さてこれら聖戦の戦士たちは、市内の交通渋滞を引き起こすだけでセキュリティーの役に立っていないイラク政府の検問所を突破して進んだ。しかしここまではまだ南方で続く陽動作戦と同じで、とくに変わりはなかった。

六月七日、米軍とクルド自治区の内務省は、ＩＳＩＳの大規模な部隊がシリアからモスルに向かっているのを、それぞれ確認した。そして翌日、八日の戦闘は決定的なものになった。ＩＳＩＳの戦闘部隊は、連邦警察本部を含むモスルの主要なビルを次々に占拠した。

バグダッドのイラク政府当局は情勢の重大さを完全につかみ損ねていた。だからモスル情勢を心配するアメリカの外交官に、「一週間もあれば増援部隊がモスルに着きますから」などと余裕を見せていたのだ。イラク政府当局は、クルド人指導者、マスード・バルザニ〔クルド自治政府議長〕から、ペシュメルガをモスル防衛の戦いに投入する申し出を拒否してもいた。これを機会に領土拡大を狙っているのではと疑ったからだ。

九日段階において、敗北はもう取り返しのつかないものになっていた。アブード・カンバル参謀本部次長、アリ・ガイダン陸軍司令官、マーディ・ガラーウィ・ニネヴェー作戦本部長のイラク政府軍首脳は三人そろってヘリコプターに乗り込み、クルド人自治区へ脱出した。これで現地のイラク政府軍の士気は最終的に崩壊し、軍は一気に解体した。

十一日は、マリキ首相の政府が現状の認識と決断でどれだけ無能なものかをさらけ出した一日だった。マリキはこの日になってようやく、クルドのペシュメルガの進軍を許可したのだった。モスル陥落後、まる一日が過ぎたあとのことだった。

こうした屈辱的な敗北に巻き込まれたとき、兵士の身にどんなことが起きるか？　イラク政府軍のある兵士の物語は示唆に富むものだ。

六月初め、民兵ながらイラク陸軍第十一師団に加わっていた、バグダッド・シーア派住区出身のアッバス・サダムは、ラマディからモスルに移動した。戦闘が始まったのはそれから間もなくのことだった。十日朝のこと、上官がアッバス・サダムら部下を集めて、撃つのは止めろと言った。銃を武装グループに渡し、制服を脱ぎ捨て、モスルから出るよう命令した。命令に従おうとしているうち、兵舎は群衆に襲われた。

アッバス・サダムは当時を思い返して言った。「石を投げつけて来たのです。そして罵声を浴びせて来ました。『マリキのバカ息子どもが！　ムッタ〔シーア派伝統の「一時婚」。スンニ派が嘲笑の対象にしている〕で生まれたガキどもが！　このサファヴィー〔中世ペルシャのサファヴィー朝の末裔。シーア派に対する蔑称〕どもが！　イランの兵隊どもが！』と」。

この群衆の襲撃は、モスルの陥落が戦闘員の攻撃だけでなく、モスルの民衆蜂起の結果として起きたことを明らかにするものだ。イラク政府軍はシーア派の占領部隊として忌み嫌われていた。モスルでは、イラク政府軍はマリキに率いられたイランの傀儡政権の手先と見なされていたのだ。アッバス・サダムによると群衆のなかに、イラクではそのアラビア語の頭文字から「ダーシュ」と呼ばれているＩＳＩＳの戦闘員らがいた。彼らはアッバスらイラク政府軍兵士にこう言ったそうだ。「お前らは許す。銃を置いて出て行け。出て行かないと殺す」。そんな群衆のなかに、軍の武器を持った女たちや子どもたちもいた。人びとは政府軍の軍服からこれに着替えて逃げろと言って、アッバスたちにディスダーシャ〔長袖で踝まである白いアラブ服〕をくれた。

アッバスはこうしてモスルからバグダッドの家族のもとへ戻ったが、軍には内緒でいる。下手に報告すると、脱走の罪で裁判にかけられるからだ。実際にそうなった友だちもいた。

モスルのスンニ派住民はイラク政府軍の兵士たちが背中を見せて出て行くのを喜んだが、報復しに帰ってくることを恐れてもいた。いずれにせよ人びとはわかっていたのだ。モスルはいまや非常に危険な場所に変わってしまったのである。しかし住民たちにできることは限られていた。六月十一日、専門職に就くあるスンニの女性がこんなメールを発信した。モスルの人たちが共有する不安感が書かれていた。

モスルは完全にＩＳＩＳの手に落ちました。ひどく静かです。彼らは住民に丁重な態度をとっています。政府庁舎の全てを警備し、略奪者から守っています。モスルの政庁、イラク政府軍、警察、治安部隊は全員、持ち場を去り、戦闘から逃れました。わたしたちもクルド自治区に逃れようとしたのですが、許されませんでした。逃げても、難民として燃える日差しの下、テント生活を強いられるだけです。住民の大多数は結局、自宅に戻りました。難民にはならないと心に決めたのです。でもわたしたちは数時間後に何が起きるかさえわからないでいます。神よ、わたしたちのすべてをお守りください。

わたしたちのために祈ってください。

イラクの治安部隊が崩壊し、逃走したのはモスルだけではなかった。ほかでも司令官に率いられた潰走がみられた。イラク最大の精油所があるバイジは戦わず降伏した。それはティクリットでも同じだった。ヘリコプターが現われ、軍司令官や上級武官を収容して飛び去った。ティクリットでは降伏した兵士たちが、ふたつのグループに分けられた。スンニ派とシーア派のグループに。

シーア派の兵士たちは塹壕の前に立たされ、機関銃の銃弾を浴びた。処刑の模様は、降伏せずにいるイラク政府部隊を威嚇するため、ビデオに撮影された。

米国の当局者によると、イラク北部の敗北で、一八あるイラク陸軍・連邦警察の師団のうち五つの師団が崩壊した。この圧勝については、ほかならぬ「イスラム国」自体が驚いた様子だった。ISISのアドナニ報道官は「敵もそうだが、われわれの支援者も、この戦勝に同じようにあっけにとられている」と誇らしく語った。

自戒の警告も忘れなかった。ISISの戦闘員は奪取した米国製の武器のすごさに感心しすぎてはいけないと釘を刺した。「虚栄やエゴの餌食になってはならない」と戦闘員に呼びかけるとともに、シーア派が態勢を立て直さないうちに「バグダッドへ進軍せよ」と呼びかけた。

そのバグダッドにわたしが到着したのは、六月十六日のことだ。首都の人びとは政府軍の崩壊という事態を受けて、いまだショック状態にあった。シーア派は二〇〇五年以降、イラクの支配を続けて来た。それはスンニ派がサダム・フセインやイラク王政の下で行なったことの裏返しだった。

シーア派の時代が突然、終わったことを、バグダッドの人びとはなおも信じられずにいた。バグダッドのシーア派の視点に立てば、これはもう全く予想外の、説明不可能な事態の到来だった。こうなったらどんな災難もあり得るのだ、という気になっていた。首都のバグダッドは安全が守られて来たはずだった。ここはシーア派が大多数を占め、いまでもイラク正規軍の残存部隊と数万のシーア派民兵によって守られていた。いや、大丈夫なはず……しかしそれは陥落したモスルやティクリットについても言えることだった。

イラク政府の敗北に対する最初の反応は、「信じられない」と「パニック」だった。マリキ首相はモスル陥落を大がかりな陰謀のせいだと言って非難した。しかしマリキは陰謀を企てた者をまったく特定できなかった。困惑しながら強がるだけのマリキだった。首相として自分の責任を感じていないようだった。陸軍の一五個師団の司令官は皆、マリキが任命した者なのに。

モスル陥落後の数日間、バグダッドの無人の通りには、ヒステリーを半分だけ押し殺したような雰囲気が漂っていた。人びとは怯えて家に閉じこもり、テレビで最新のニュースを追い続けた。政府軍崩壊のニュースが流れて数時間以内に、多くの家では食糧と燃料の備蓄を終えていた。菓子屋やパン屋はラマダン〔断食月〕期間中の日没後の祝いのため、特別の肉パイをこしらえ、客が来るのを待っていた。買いに来る人はほとんどなかった。

結婚式もキャンセルされていた。噂がバグダッドの街を席巻した。ＩＳＩＳがバグダッド中心部に急襲をかけ、堅固に防衛された政府中枢の「グリーン・ゾーン」を陥落させる計画を練っているとバグダッドの新聞は、少なくとも七人の閣僚と四二人の国会議員が家族連れでヨルダンに逃れたと報じた。

バグダッドでの最大の恐怖は、車でたった一時間しか離れていないティクリットやファルージャのISIS戦闘員が、市内スンニ派居住区の蜂起に合わせ、攻撃のタイミングをうかがっている、というものだった。バグダッドのスンニ派住民は、スンニ派各州が武装集団の手に落ちたニュースに励まされたものの、首都のシーア派がバグダッド・スンニ派の決起を恐れるあまり、先制攻撃の誘惑に駆られ、虐殺を仕掛けて来るのではないかと怯えていた。チグリス東岸のアザミヤ区のようなバグダッド市内のスンニ派居住区は、人気が消えて静まり返った。

たとえば、こんなことがあった。わたしが友人の勧めるドライバーを雇おうとしたとき、そのドライバーはこう言ったのだ。お金はほしい、だけど自分はスンニ派の人間。検問所で車を止められたときのことを思うと、リスクが大きすぎて……だから「恐ろしくて、夕方六時以降は家に閉じこもっている」と。

ドライバーは何を恐れていたか？　嫌な人相の平服姿の男たちが警察や検問所に現われ、目をつけた者を拘引するようになっていた。政府の諜報機関かシーア派民兵の手の者だった。こうした男たちは、警察官や兵士に命令できる立場の者だった。

スンニ派の事務員たちは逮捕されないよう早めに帰宅したがった。働きに出るのを止めた人たちもいた。検問所で捕まることは、とくに恐怖の的だった。バグダッドの住民は誰でも――スンニ派の住民はとくに、二〇〇六年から二〇〇七年の内戦の最中、検問所での拘束がどんな結末を迎えたかを忘れずにいた。当時、検問所の多くは暗殺部隊によって仕切られており、IDカードを疑われたら最後、処刑を免れることはなかった。新聞報道は、こうした殺人者たちが「警官の服装をしていた」と報じたものだ。しかしバグダッドで暮らす誰もが、警官と民兵がしばしば入れ替わることをよく知っていた。

脅威は常にそこにあった。そこには誇大妄想もなければ、判断力の喪失もなかった。イラク政府の国家安全保障アドバイザー代理のサファ・フセインは、わたしにこう言ったものだ。「市民の多くが、バグダッドの内側と外側から同時攻撃があると考えています」。

そうした同時攻撃は、結局はISIS側の敗北で終わるにせよ、可能であると彼自身も信じていた。たしかにバグダッドのスンニ派は少数派だ。しかしスンニ派の牙城であるアンバール州から出発した武装集団がバグダッド市内のアマリア区のようなスンニ居住区と連携するのに、それほど時間はかからない。ISISにとっても、バグダッドは、アラブの偉大なる首都のひとつで、かつてカリフ国の本拠が置かれたところだ。その、たとえ一部でも占拠できれば、それは彼らの新国家建設宣言を、なおいっそう確証するものになるだろう。

第3章

否認

In Denial

八月八日、米空軍はイラクのＩＳＩＳに対して空爆を開始し、九月二十三日には、シリアのアルカイダ系組織、ヌスラ戦線を攻撃目標に追加した。武装勢力はすでに、攻撃の的になりやすい建物や場所から人員、装備を移動、得意のゲリラ戦術を再開していた。

そのとき米国や（イラクで九月二十七日から空爆に参加した）英国は、ＩＳＩＳを「低下させ《ディグレイディング》&壊滅させる《ディストロイング》」と大言壮語を繰り返すだけだった。当面、軍事的な手段でスンニ派聖戦グループを抑え込み、威嚇する。それ以外の、長期的な戦略はないらしかった。

これは二〇〇三年から二〇一一年までの、米国のイラクに対する軍事介入でもさんざん見られたことだが、メディアはここでも、西側政府のアクションに焦点を置きすぎる過ちを繰り返した。イラクやシリアでの米英の軍事力行使の危機が拡大するなか、両国の地上の現実において、どれだけ重大な状況が生まれていたかについては不十分な理解しかなかった。

同様に、バグダッドでマリキ首相が追われアバディ新首相に交代したとき、西側諸国の首都は「大きな喜び」に包まれた。アバディ新政権はマリキ時代よりも、スンニ派アラブ人やクルド人を引き込んでいると、さっそくレッテルが貼られた。しかしアバディ新政権の実態は、シーア派政党のダアワ党〔二〇〇五年以来、イラクの政権与党。ダアワは呼びかけの意〕および他のシーア派宗教政党が依然支配するものであることに変わりなかった。しかもダアワ党の閣僚の数は前よりも増えているありさまだった。

アバディ新首相はスンニ派に対し、スンニ派の居住区に対する攻撃は行なわないと約束した。しかし九月にはスンニ派の街、ファルージャに対して、週七日のうち六日も砲撃が加えられる事態が生まれた。地元の病院によると、住民二八人が死亡、一一八人が負傷した。

政治に変化が生まれた、というのは誇張に過ぎなかった。アバディ新政権が誕生したバグダッドのほんの数マイル先にISISの戦闘員がいた。そんななか、アバディ自身、自分が選んだ重要ポストの防衛相、内務相任命者の議会承認を、十月まで取り付けられない状態が続いていた。イラク問題のノルウェー人専門家、ライダル・ヴィセールは、イラク新政権のこうした躓《つまず》きに注目する方が、「イラクのISISを壊滅させるといって最近、しきりに開かれている国際会議などより、よほど重要」と語った。

当時のイラクの現実をリアルに示す出来事をひとつ紹介しよう。ファルージャの北郊にあるサクラウィヤーのイラク政府軍基地をISISが一週間にわたって攻撃し、ついに陥落させたことだ。兵営に残っていたイラク軍兵士は殺されるか捕虜にされた。報道によると、脱出に成功した政府軍の士官は「サクラウィヤーにいた一〇〇〇人の政府軍兵士のうち、逃げることができたのは二〇〇人ぐらい」と語った。これに対してISISは、「サファビー(シーア)の汚物にまみれた」場所を解放するなかで、戦車五両とハンヴィー装甲車両四一台を捕獲ないし破壊したと発表した。

逃げおおせたイラク政府軍兵士たちは、バグダッドから四〇マイルしか離れていないのに、援軍も来なければ弾薬、食糧、水の補給もなかったと怒りをぶつけた。

言い換えればこうなる。モスル陥落から三ヵ月半後、米軍の空爆開始から六週間経った時点でなお、イラク政府軍は態勢を立て直し、ISISの攻撃に立ち向かうことができないでいたのだ。あるいは初歩的な軍事作戦さえ実行できない状態だった。モスルやティクリットの戦いで見せたISISの、まるでナポレオン軍のように機敏に移動して敵を打ち負かした戦勝の原因の一部は、イラク政府軍の力のなさによっても説明できるものだ。

シリアでもISISは、空爆に対抗してゲリラ戦へと作戦を切り替えた。シリア北部のクルド人居住区に対して行なった二度にわたる攻勢だけが、その例外だった。

シリアでは、こんな作戦変更もあった。それまで、サウジアラビアや湾岸諸国の援助を見込んで「イスラム風」の名前を名乗っていたダマスカス周辺の反政府武装勢力が、急に米軍の支援をあてにして、宗教色のないものに組織の名を変えたのだ。

また、ヌスラ戦線が米国の空爆を突如、非難しはじめたのは、たぶん自分たちが米軍のターゲットにされたことに驚いたからだ。ヌスラ戦線はこうして、他の聖戦グループとともに「反十字軍」の戦いに共同で決起することを誓ったのだった。

このようにイラク同様、シリアでもまた、スンニ派や反政府勢力の矛先をISISへ向けさせるのは、容易ではない。なにしろ米国はいまや、何と言い訳しようとアサドの事実上の同盟者と見られ始めているのだから。

バクダッドの人びとの多くは六月段階でＩＳＩＳの首都攻撃を恐れていたが、攻撃は皆無だった。世界の関心がウクライナ上空での、ロシアから武器供与を受けた反ウクライナ政府勢力によるマレーシア航空機撃墜事件と、二〇〇〇人ものパレスチナ人が殺されたイスラエルのガザ攻撃に向かうなか、ＩＳＩＳはイラク西部に広がる、スンニ派住民が圧倒的なアンバール州で支配を広げた。シリアでは他の反政府勢力を撃破し、あるいは自分の戦列に加える一方、シリア政府軍の四つの基地を陥れ、重大な人的損害を与えるとともに重装備を手に入れた。シリア政府にとっては、内乱が始まって以来の最悪の敗北だった。

新たなカリフ国、ＩＳＩＳはこれまでのところ拡大を遂げる一途だ。支配面積は英国を上回り、そこにおよそ六〇〇万人が住んでいる。これはデンマークやフィンランド、あるいはアイルランドを上回る人口である。

シリアでＩＳＩＳはわずか数週間で、シリア反体制勢力における支配的地位を確立した。石油を産出するデリゾール県では、そこに拠点を置くアルカイダのシリア下部組織であるヌスラ戦線の部隊を壊滅させ、逃げようとした地元の司令官を処刑している。シリア北部ではトルコ国境、クルド人五〇万人の居住するコバニ攻撃で、ＩＳＩＳの五〇〇〇人の戦闘員たちは、モスルでイラク政府軍から奪った戦車や大砲も使った。

シリア中部のパルミラ古代遺跡の近くでは、シリア政府軍と戦い、同国最大級のシャエル・ガス田に侵入した。これをシリア政府軍は反撃を繰り返して奪い返したが、ISISはなおシリアの石油・ガス生産の大半を支配下に置いている。米空軍は空爆開始時、そんなISISの金づるの石油施設に狙いを定めた。しかしそれによって、神の意志を実現し殉教のカルトに果てる自爆攻撃をなくすことは（士気を低下させることも）できなかった。ISISは手持ちの現金が不足したことで、安上がりな自爆攻撃に走ったからだ。

「イスラム国」の誕生は、第一次世界大戦後（の一九一六年五月）に結ばれた（オスマン帝国を分割した）「サイクス・ピコ協定」（英国の中東専門家サイクス、フランス外交官のピコによって原案が作成されたことから、こう呼ばれる）以来、最もラジカルに中東の政治地図を塗り替えるものとなった。しかし驚くべきは、この爆発的な威力を秘めた変貌に対する警戒感が最初のうち、国際社会のなかからほとんど出なかったことである。それはまだISISに支配されていない地域のイラクやシリアの人びとの場合でもそうだった。

政治家も外交官もISISを、砂漠の向こうからラクダに乗って突然現われ、戦いに勝って、そのまま何事もなかったかのように砂漠に去って行く遊牧の民、ベドウィンのように軽く見ていた。ISISの素早い勃興ぶりを見て、西側および中東の指導者たちは、ISISの崩壊と分裂もまた突然かつ急なものになるに違いないと期待した。災難に見舞われた人の心は、それがどんなものであれパニックと願望の間で揺れ動くものだ。

人口七〇〇万人、その大半をシーア派が占めるバグダッドの人びとは、反シーアのＩＳＩＳ殺人者の攻撃で首都が陥落することを覚悟していた。覚悟してはいたが、それがまだ起きていないという事実にすがりつき、心を励ましていた。ある婦人はこう言ったものだ。「わたしたちは最初、軍事的な惨劇を恐れていました。でもわたしたちバグダッド市民は過去三十五年もの間、危機のなかで生き続け、それに慣れているのです」。門前にＩＳＩＳがいるにもかかわらず、イラクの政治家たちは、信用を失墜したマリキ首相を〔二〇一四年八月に〕降ろした時でさえも、のろのろした動きのなかで政治の駆け引き続けていた。

「ほんとうにシュール〔超現実〕ですね」と、わたしに言ったのは、イラクの元閣僚政治家だった。「バグダッドの政治指導者に聞いてごらんなさい。みんなこう言いますよ。この国の半分がたった今、失われたことなんか、自分には関係ないって口ぶりでね」と。

ＩＳＩＳと戦うべく、男たちはイラク・シーア派の最高指導者、シスタニ師のファトワ〔布告〕で、志願して前線に出ていた。それが七月までに、バグダッドの家に奔流のように戻って来た。逃げ戻った人が言うには、前線では半ば飢餓状態に苦しみ、武器は自分のものを使えと言われ、弾薬は自分で買わなければならなかった。こうしたにわか仕立ての民兵も加わったイラク政府軍の反撃は、一度だけティクリットに対して行なわれた。しかし七月十五日の攻撃は待ち伏せに遭い、ひどい損害を出して終わった。こうしたイラク政府軍の機能不全がその後、改善された兆候は見られない。

元閣僚は言った。「ティクリットの奪還で、兵士の掩護に投入されたヘリはたったの一機。イラクの政府はここ数年だけでヘリを一四〇機も買い入れたはず。なのに、これはいったい、どういうことなんだ?」。

元閣僚の疑問に対する答えはたぶんこうだ。

差し引き一三九機分の代金は、ただ単に誰かのポケットに入っただけのこと。

こうした厳しい状況のなか、バグダッドの多数派、シーア派住民は「思い込み」を二つして、自らを慰めていた。思い込みがほんとうなら、状況は見かけほど危険なものでなくなるからだ。

ひとつはこういう思い込みだ。いま反乱に立ち上がっているのは、イラク・スンニ派の全体である。ISISの戦闘員はショックを与えるための、反乱の先兵に過ぎない。そしてこのスンニ派の反乱は、マリキ首相の反スンニ政策およびその実行のせいで起きたものだ。イランやアメリカ、シーア派全聖職団からの圧力で、マリキの辞職は避けられない。マリキに代わるバグダッドの新政権はスンニ派に対して、クルド人のような自治区を認め、権力を分かち合う新協定を結ぶことになる。そうなると、スンニ派の諸部族、元軍人、バース党員たちのISISに対する態度が変わる。これまではＩＳＩＳに反乱をリードさせていたが、こんどは逆に抑え込みにかかるはずだ——。

シーア派住民はこうした心安らぐ「神話」を信じ込んでいる。事実は逆であることを示す例はいろいろ出ているのに、スンニ派の穏健派は目標が達成され次第、ＩＳＩＳを排除するはずだ、との思い込みの中で自らを慰めているのである。シーア派のひとりは、わたしにこう言ったものだ。「ＩＳＩＳって、ほんとうに存在しているのだろうか？」。

あいにくながらＩＳＩＳは存在しているのだ。それどころかＩＳＩＳは容赦のない強力な戦闘集団として存在している。スンニ派穏健派の裏切りを座視して待つつもりなどカケラもない苛烈な組織なのだ。モスルでは他の反政府勢力の戦闘員全員に「イスラム国」への忠誠を求め、誓えないなら武器を捨てろと要求した。六月の終わりから七月の初めにかけ、ＩＳＩＳの戦闘員たちがサダム・フセインの時代の将軍二人を含む元軍幹部らを拘留したことがあった。軍幹部らはサダム・フセインの肖像写真を掲示させられたあと、取って捨てろと命じられた。従わなければ制裁するぞと言われて。

聖戦グループに詳しい専門家のアイマン・アル・タミミ〔米シンクタンク、「ミドル・イースト・フォーラム」研究員〕は、こう語った。「ＩＳＩＳに対して、他のスンニ派武装反政府勢力が反抗に成功することは、ありそうもないことです。もしもやる気なら、ＩＳＩＳが強くならないうちに可能な限り素早く動かなければなりません」。

タミミによると、モスルでこんなことがあった。昔からモスルで暮らしてきたキリスト教コミュニティーの残留者たちを、ＩＳＩＳが、引き続きここに留まりたければイスラム教に改宗し、特別税を払え、さもなければ殺すと脅した。そのとき、スンニ派反政府勢力の穏健派は止める術を持たなかった。キリスト教徒たちは街を出て行くしかなかった。

ＩＳＩＳにシーア派だとか多神教徒だと烙印を押されたら最後、他宗派・他民族の人には迫害され、投獄され、殺害される道しか残されていない。非ＩＳＩＳの反政府勢力が、まともにＩＳＩＳと立ち向かえる瞬間は、どうやら過去のものになりつつあるようだ。

もうひとつの思い込みは、なぜイラク政府軍が崩壊したかに関するものだ。シーア派の人びとは、クルド人に裏切られたからだと思っている。マリキ首相は自分への非難をかわすため、クルド自治区の首都、エルビルは「ＩＳＩＳの司令部の所在地。バース党やアルカイダ、テロリストたちの司令部もある」と言い張った。これをシーア派の多くが信じている。治安部隊（公称で三五万の軍兵士と六五万の警察部隊）が敗北したのは、そんな裏切りのため。戦わなかったわけでは決してないのだ、と。

あるイラク人は、ラマダンの断食中、日没後にとるイフタールという食事の席でのことを、わたしにこう語った。「一〇〇人くらいのシーアの専門職の人たちと食事をしました。大半が医者とかエンジニアでした。全員が当然のように、うまくいかなかったのはクルド人の裏切りのせいだと言ってましたよ」。

シーア派がクルド人を裏切り者呼ばわりすることは、自分の首を絞めるようなものだ。ＩＳＩＳとの共同戦線を張れなくなってしまうからだ。にもかかわらず裏切り説を言い立てるのは、共通の敵に対してさえも、シーア派とクルド人の指導者がいかに協調し得ないかを示すものである。

クルド人指導者のバルザニはイラク政府軍の潰走につけこみ、二〇〇三年以来、クルドとアラブ人の間で領土争いが続いて来たキルクークを含む、放棄地を占拠した。そしてバルザニは今や「イスラム国」との間に六〇〇マイルにもわたる前線を持つに至っている。クルドはイラク政府の一部を構成しているので、バグダッドにとっては同盟者のはずだ。しかしマリキがクルドを裏切り者だといってスケープゴート化したことで、ＩＳＩＳが首都、バグダッドを攻撃したとき、シーア派には同盟者がいなくなる状況を招いた。

スンニ派は、クルドのように自治区を認められ、職務と石油収入の分け前に預かる程度で満足しそうにもない。スンニ派の反乱はすでに、全イラクの覇権を取り戻す全面的な反革命に変わっているのである。

七月の焼けつくような日々のなか、バグダッドには一九三九年の終わりから四〇年の初めにかけて、ロンドンやパリを覆ったと同じような「まやかしの戦争《フォニー・ウォー》」の雰囲気が漂っていた。理由も似通っていた。モスル陥落後、バグダッドの人びとは首都をめぐる戦いが迫っていることに怯えていた。しかし、実際のところ、戦いはまだ始まっていない。そして、周りには戦いなんか起きっこないと楽観的な人たちがいる。

生活は以前にもまして苦しくなっている。電気は一日四時間しか来ない日もある。しかし戦争だけは少なくともまだ、街の中心部に達していない……。

わたしはある日、シーア派エリート層の集う、バグダッド中心部の名門、「アルウィヤ・クラブ」へディナーに出かけた。クラブのずらりとテーブルが並んだ大部屋はにぎわっていて、席を見つけるのに苦労した。

シーア派の指導者たちは、米国がサダム・フセインを追い落としたことで手に入れたイラクに対する自分たちの支配が終わったことを理解できずにいたのだ。そして、ひたすらディナーを楽しむシーア派のエリートたち。

彼らの支配が終わったのは、彼ら自身の無能と腐敗のせいだが、二〇一一年のシリアにおけるスンニ派反政府勢力の蜂起のあおりで、イラクの宗派的な権力バランスが不安定なものになったせいでもあった。

ISISに主導されたイラク・スンニ派の勝利は、こんどは逆にシリアにおける軍事的膠着を破りかねないものになった。アサド大統領はこれまで、勢力を弱めつつあった反政府派をゆっくり押し返しつつあった。ダマスカスとその近郊で、あるいはレバノン国境沿いのカラムーン山地で、さらにはホムスで、シリア政府軍は着実に前進を続け、アレッポの反政府派主要拠点を包囲するところへ近づいていた。

しかしアサドの軍の地上部隊は層が薄く、手ひどい損害を避ける必要があった。一度に戦える戦線はひとつに限られていた。そんなシリア政府軍がとった戦術は、反政府勢力の支配地域を砲撃と、ヘリによる樽爆弾〔樽のような容器に、釘などの金属片と爆薬を詰めた焼夷弾〕の投下攻撃で破壊し、住民に脱出を強い、ガレキと化した街区を封鎖して、抵抗する武装集団を降伏に追い込むものだった。

そこに、イラクでの戦勝で意気上がる大勢のＩＳＩＳ戦闘員が重武装で乗り込んで来た。アサドにとって危険な、フレッシュな脅威の登場だった。

ＩＳＩＳ以外のシリア反政府勢力と西側外交官が好んで語った陰謀論に「ＩＳＩＳとアサドはつるんでいる」というのがあるが、ＩＳＩＳがシリア政府軍との戦闘で勝利を重ねるにつれ、ウソにすぎないことが明らかになった。バグダッドで語られる陰謀論の「ＩＳＩＳとクルドは手を握り合っている」説も、ＩＳＩＳがクルド自治区に奇襲攻撃を加えたことで一度に吹き飛んだ。ＩＳＩＳの戦闘員はシンジャヤでペシュメルガを打ち破り、ヤジディ教徒たちを追い出して、クルド自治区の首都、エルビルを脅かすところまで迫った。このクルドに対するＩＳＩＳの攻勢は、米軍のイラク地上戦回帰論を燃え上がらせるものとなった。

ISISがシリア反政府勢力で最大の軍事力を持つに至ったことで、西側および中東の同盟国──サウジアラビア、カタール、UAE、トルコ──は難しい局面に立たされた。彼らの公式の方針は、アサドを除去することだ。しかしISISは今やシリア第二の軍事力。アサドが倒れればその権力の真空を満たし得る場所にISISはいる。板挟みになった米国と同盟国が逃げ込んだ先は──バグダッドのシーア派同様、妄想のなかだった。

彼らは、アサドともISISとも戦う、穏健な反政府派による「第三の勢力」を育てているようなふりをしたのだ。そんな穏健な勢力など、シリア国内のわずか数ヵ所の孤立地に存在するだけで、実際は無きも同然であることは、西側外交官らが認めていることだ。

聖戦グループに詳しい専門家のタミミによれば、こうした西側に支援された反政府勢力は「力をなくす一方」で、そんな彼らに武器を供与しても効果はあまり期待できない、とのことだ。

米政府は米軍がシリア空爆を開始したとき、シリア政府に対して、いつどこを爆撃するか実は通告していた。しかし、表向き米国が支援しているはずの「穏健な」反政府派に対しては通告しなかったのである。米軍はおそらく、計算を働かせたのだ。たとえば反政府勢力の緩やかなアンブレラ組織である自由シリア軍〔二〇一一年に始まったシリア内戦で、政府軍の一部が結成した反政府武装組織を母体とする〕に軍事情報を伝えれば、数分のうちにISISやヌスラ戦線に筒抜けになると。

ＩＳＩＳに対する国際社会の恐怖はモスル陥落後に高まったが、それが深く広がったのは八月の初め、ＩＳＩＳがシンジャでクルド人部隊を壊滅させ、クルド自治区の首都、エルビル奪取の可能性が出てからのことだ。ここに来て突然、同盟と国家優先事項の再調整が行なわれた。すでに述べたようにＩＳＩＳをはじめとするイラク、シリアのスンニ派聖戦グループの育ての親はサウジアラビアと湾岸諸国とトルコだった。これは聖戦グループの自助努力を否定するものではないが、その勃興を決定的なものにしたのは何といっても外部のスンニ派権力による強力な支援だった。サウジアラビアとカタールの援助は、民間人の寄付による金銭主体のものだった。

湾岸からの資金供与がＩＳＩＳのイラク北部スンニ派各州の奪取に中心的な役割を果たしたと指摘し、「自然発生的に起こりはしないものだ」と語ったのは、英国諜報部・ＭＩ６の元長官、リチャード・ディアラヴだった。ロンドンでの七月のスピーチでディアラヴは、サウジアラビアの、スンニ派聖戦グループに対する方針には矛盾した二つの動機が含まれていると語った。

ひとつはサウジアラビア国内で活動する聖戦グループへの恐れであり、もうひとつは彼らを国外のシーア派対策に使おうとする策謀だった。

ディアラヴは言った。サウジアラビアとは「シーア派の支配に効果的に挑戦するどんな武闘派にも深く惹かれる」国なのだと。

イラクのスンニ派コミュニティー全体がおそらく背後で足並みをそろえＩＳＩＳの支援に回ったのも、サウジアラビアがイラク国内のスンニ派の活動に対し、直接・間接に与えて来た援助なしには、あり得なかったことのようだ。これはシリアについても言える。サウジアラビアの元駐米大使で、二〇一二年から二〇一四年までサウジアラビア情報機関の長官を務めたバンダル王子は、情報機関の長官職を解任されるまでシリアのスンニ派聖戦グループの支援に自分がやれるすべてのことをした。

サウジアラビアはしかし自分たちが育てて来たものに恐怖を抱き、別方向に動こうとしている。これまで目をつむって見逃していたシリアやイラク行きの志願者たちを逮捕するようになったのだ。最早、時すでに遅し、なのかも知れない。サウジアラビアのスンニ派聖戦主義者はいまやサウジアラビア王家への尊敬をなくしているのだ。七月二十三日、シリア北部、ラッカ県にある政府軍の最後の拠点のひとつに、サウジアラビアの聖戦グループが攻撃を仕掛けた。自動車爆弾の自爆攻撃が先陣を切った。運転していたのは、ハッターブ・アル・ナジディというサウジ人の男だった。車のウィンドウにはサウジアラビアの監獄にとらわれている三人の女性の写真が貼られていた。そのうちの一人、ヒラ・アル・カシルは彼の姪だ。

ＩＳＩＳやその他の聖戦グループへの援助でトルコは、サウジアラビアとはまた違った、しかし重要性では引けを取らない役割を果たして来た。トルコ政府のしたことで最も重要なことは、五六〇マイルに及ぶシリアとの国境を開け続けたことだ。これはＩＳＩＳやヌスラ戦線、その他の反政府勢力に安全な後方基地を提供するもので、このトルコ国境から戦闘員や武器がシリア国内に入り込んだ。

国境越えのポイントは、反政府勢力間の内戦、すなわち「内戦中の内戦」のなかで、最も激しい戦いの場となって来た。

外国人聖戦士の大半もトルコ経由でシリアやイラク入りを果たして来た。その正確な数をつかむのは難しいが、モロッコの内務相が最近語ったところによると、モロッコ人の聖戦士はこれまで一一二二人がシリア入りしている。このうち九〇〇人が二〇一三年一年の分で、うち二〇〇人が戦死しているそうだ。

イラクの治安当局によると、ＩＳＩＳが態勢を立て直した二〇一一年、ＩＳＩＳに対してトルコ軍の情報部が強力な援助を行なったらしい。トルコ国境からの報道によると、ＩＳＩＳはトルコからもはや歓迎されていないようだが、ＩＳＩＳにはイラク政府軍から奪取した武器がある上、シリアの油田・ガス田を手中に収めていることから、いまやそれほど外部からの支援に頼らなくてもよいようだ。

トルコとシリア国内にいるクルド人は、トルコ政府が秘密裏にＩＳＩＳと手を握り合っていると非難している。しかし、これはおそらく誇張された非難だ。

トルコはＩＳＩＳの動きがアサドとシリア・クルド人の弱体化につながるところを見たがっている、というのが、より真実に近いことかも知れない。九月にシリア空爆をはじめた米国は、世界四〇ヵ国の有志連合をまとめたと誇らしげに語ったが、この弛緩した連合にはまとまりにくさがあるばかりか、さまざまな課題が足かせになり、統一行動をとれないのが実態だ。

米英、西側諸国にとってＩＳＩＳが勃興し、カリフ国が生まれたことは究極の惨事だった。二〇〇三年のイラク侵攻および二〇一一年からのアサド追い落としの意図が何であれ、ビンラディンのアルカイダ運動より一〇〇倍も力強く、しかも組織がしっかりしたイスラム運動体による聖戦国家がイラク北部からシリアにかけて出現するのを見るためのものではなかったはずだ。「テロとの戦い」を進めるために市民的自由は犠牲になり、数千億ドルの戦費が使われてきた。それが惨めなかたちで失敗に終わったのだ。

ＩＳＩＳは「イスラム対イスラム」にしか関心を持たない、というのは願望に過ぎない。ＩＳＩＳは、頑迷かつ厳格な、その暴力的に偏ったイスラム信仰に従わないすべての者と戦うことを闡明《せんめい》にしている。そしてアルカイダとの違いは、それが軍事組織として効率的に運営されており、攻撃目標の選定および攻撃のタイミングの設定において非常に慎重であることだ。

バグダッドのシーア派の多くはＩＳＩＳが行き過ぎを仕出かすのに期待をかけている。モスルでユニス（旧約聖書の預言者ヨナ）の廟を爆破したように、モスクを異教の廟とみなして破壊することが続けば、スンニ派も離反するだろうという読みである。しかし長期的な目で見れば、一般のスンニ派教徒も、ＩＳＩＳが支配地全域に課した原始宗教の社会戒律に従い行動するようになるかも知れない。

次のＩＳＩＳ支配地での出来事は、そこに生きる人びとのムードを示すもので、関連付けて考えてみる価値がある。現場を目撃した女性は、メールにこう書いた。

今夜、母と車で薬を買いに出かけました。顔を薄い布で覆い、目のところだけ出して。これ以外、わたしたちに何ができるって言うの？

先週、こんなことがありました。店先で一人の女性が顔を隠さず、ボトルのウォーターを店先で飲んでいました。そこへ（ＩＳＩＳの）男たちの一人が近づいてきて、太い棒で頭を殴りつけたのです。そばに彼女の夫がいるのも知らずに。

夫はその男を殴り返しました。すると男は銃を空に向け、威嚇射撃をしながら逃げだしたのです。それを周りで見ていた人たちは、一緒に男を殴りつけようと追いかけて行きました。

いまわたしが紹介したのは、わたしたちが生きている残酷さの一例です。

ヘビースモーカーの国でISISは、タバコを山と積んで燃やし、人々の不興を買っている。だからといって、ISISに面と向かって逆らうと、大変なことになる。そんな残虐さにかかわらずISISは、それまでシーア派に押し潰され、迫害されていたスンニ派のコミュニティーに勝利をもたらしたのだ。ISISを嫌うモスルのスンニ派も、復讐心に燃えたシーア派が支配するイラク政府が戻って来ることを恐れている。ISISに敗北したイラク政府はモスルやティクリットに対する無作為な爆撃で報復を続けており、地元の人びとは自分のことや将来のことに無関心にならざるを得ない状況に追い込まれている。マリキがより和解に前向きな新しい首相に代わったからといって、人びとのシーア派に対する恐怖は変わらない。

モスルのスンニ派住民は、イラク政府軍が発射したミサイルが市内で爆発した直後に、こんなメールを送って来た。「マリキの軍はティクリット大学をすでに破壊してしまったといいます。ティクリットの街はめちゃめちゃになり、ガレキだらけになったそうです。マリキがモスルに来たら、人びとは殺されるでしょう。さもなければ難民にされるだけです。わたしたちのために祈ってください」。これはスンニ派の人びとに共通する思いである。

要はスンニ派がISISに立ち向かい、カリフ国を認めないことは、ありそうもない。新しく、恐ろしい国は生まれてしまったのだ。それはかんたんに消えるものではない。

第４章

聖戦士の進軍

Jihadis on the March

二〇一四年春、「イスラム国」（ＩＳＩＳ――元「イラクのアルカイダ」）のビデオがネットに投稿された。撮影場所はおそらく、シリア内のどこか。外国人の聖戦士たちが、イスラムの聖戦に永遠に参加することの証としてパスポートを燃やす場面の映像だった。

プロがつくった映像は、シリアで続く内戦が抑え込み可能なものと思っていた人たちの目を覚まさせるものだった。チグリス川と地中海に及ぶ、彼らの広大な草刈り場は今後さらに拡大し、中東全体を激しく揺るがすものになって行くだろう。ビデオはそんな動乱の行方を指し示すものだった。

ビデオ映像を見ると、最も多かったパスポートはサウジアラビアのものだった。サウジアラビアのパスポートの色は草色の緑だ。ヨルダンのパスポートも目立った。これはダーク・ブルー。ほかにもさまざまな国のパスポートが焼かれた。自分のパスポートを引きちぎって、炎のなかに投げ込んで行く。イスラムの信仰を宣言し、出身国の支配者と戦うことを誓う。

カナダの男は、アラビア語で誓う前に英語で短く、こう語った。「（これは）カナダとすべてのアメリカの権力に対するメッセージだ」。ヨルダン人は言った。「ヨルダンの暴君は聞くがいい。われわれはアブ・ムサブ・ザルカウィ（「イラクのアルカイダ」をつくったヨルダン人創始者。二〇〇六年に米軍機によって殺された）の子孫である。われわれはお前を殺しに行く」。

サウジアラビアの男もエジプト人も、チェチェン人も、全員が同じような威嚇の言葉を発した。

それは彼ら聖戦士たちの、世界のどこにでも出て行くという決意を強調するものだった。そんな脅しがとくに不吉なものに感じられるのは、彼らが支配下におく根拠地の広さが、他のアルカイダ型聖戦集団がかつて支配した区域の面積を、すでに大きく上回っているからだ。

中東の地図を広げて見ればわかる。ＩＳＩＳはすでに、逆らう者を死にいたらしめる強大な致死的権力に、地理的にも育っているのだ。東はバグダッド北東のディヤナ州から、西はシリアの地中海沿岸にあるラタキア県まで。イラク西部を流れるユーフラテス川峡谷の全域、さらにはシリアの東部、それから北に向かってトルコ国境まで。そういった広大な地域が、ＩＳＩＳ、あるいは米政府当局者の見方では現在「パキスタンのアルカイダ」の「コア〔中核〕」になっているヌスラ戦線（ＪＡＮ）の支配下にある。イラクの西部、北部、シリアの北部、東部に広がる、こうしたアルカイダ型聖戦集団の支配地域の面積は、いまや英国あるいは米国のミシガン州並みの大きさだ。そして彼らが作戦を実行できる地域は、もっと大きい。

シリアとイラクの国境線はほとんど消えてしまった。しかし両国を別々に見た方が、状況をよりよく理解できる。最初はイラクを見ることにしよう。

イラクのスンニ派地域は国土の四分の一を占めるが、そのほとんどをＩＳＩＳが全面的あるいは部分的に支配している。ＩＳＩＳのモスル、ティクリット奪取前の全戦力は、六〇〇〇人ほどだったが、見事な勝利を収めてからは名声が広がり、スンニ派の若者の心をとらえたことで規模は数倍に膨らんでいる。

ＩＳＩＳの名前そのものに、彼らの意図が示されている。Islamic State（イスラム国）を Iraq（イラク）と al-Sham（アッシャム・greater Syria ＝大シリア〔歴史的シリアとも。現在のシリア、ヨルダン、パレスチナ、イスラエルを含む地域の歴史的な呼称。アラビア語で「シャーム」、英仏語では「レバント（Levant）」と呼ばれる〕）に建設しようとしているのだ。他の誰かと権力を分け合い、ともに支配するのではない。「アブ・ドゥア」という別名を持つアブ・バクル・アル・バグダディが二〇一〇年から率いるＩＳＩＳは、現在パキスタンにいるアイマン・アル・ザワヒリ率いる「コア・アルカイダ」〔あるいは「アルカイダ・セントラル」〕より、さらに暴力的で宗派性も強い。

バグダディという人物が闇のなかから姿を見せるようになったのは、二〇一〇年夏のことだ。「イラクのアルカイダ（ＡＱＩ）」の前の指導者たちが米軍やイラク政府軍に殺されたことから、バグダディが新指導者になった。ＡＱＩは当時、スンニ派の反政府運動自体が崩壊状態にあったこともあって、その運動は低迷していた。それが息を吹き返したのは、隣のシリアでスンニ派の反乱が起きたからである。以来三年間、ＡＱＩはイラク、シリアで綿密に計画した作戦を重ね、勢力拡大に成功した。

バグダディ個人がやがてＡＱＩおよびそれの発展形のＩＳＩＳの軍事戦略・戦術づくりに、どれだけかかわっているかは不透明だ。サダム・フセイン時代のイラク軍および情報部の士官らが重要な役割を果たしているとも言われている。しかし、そうだとしても、バグダディが全体を指揮していることに変わりはない。

バグダディがどんなキャリアを持つ人物なのかは、情報源がＩＳＩＳなのか米国あるいはイラク政府の情報機関なのかで変わる。しかし、この人物の全体像はかなりハッキリしている。

一九七一年、バグダッドの北にある、スンニ派の多いサマラで生まれた。教育を受けて育ち、詩学、歴史学、系譜学を含むイスラム学の学位をバグダッド大学から得た。イラク南部の米軍「キャンプ・ブッカ」に囚われていたころに撮影された写真には、黒髪、茶色の目をした平均的なイラクの二十歳代男性として写っている。

本名は、アッワード・イブラヒーム・アッワード・アリ・アル・バドリー・アル・サマッライと信じられている。バグダディはサダム・フセイン時代、バグダッドの北、ディヤラ州で聖職者をしながら、イララム主義の戦闘員としても活動していたらしい。

二〇〇三年の米軍侵攻後、ディヤラ州で武装グループを結成した。反政府武装運動は、自分たちの司令部や指導者についてニセ情報を流す強い動機を持っている。バグダディの場合はしかし、二〇〇五年から二〇〇九年にかけて米軍の捕虜になっていたことは確かなようだ。

バグダディの指導下、ＡＱＩは次第に組織を拡大、イラクのすべての州での作戦実施状況を記録した、詳細な年次報告を出すまでになった。バグダディはAQIの前の指導者たちがたどった運命を思い、自分の所在に関する情報を徹底して秘匿して来た。彼の居所を知る者はほとんどいない態勢を敷いた。拘束されたAQIのメンバーは尋問に対し、バグダディと会ったこともないと答えるか、会ってもマスクで顔を隠していたと言うかのどちらかだった。

シリア内戦に乗じてバグダディは、経験のある戦闘員たちを軍資金つきでシリアに送り込み、アルカイダのシリア支部としてヌスラ戦線（JAN）を立ち上げた。しかしバグダディはこのJANから、二〇一三年に離れている。JANから離れはしたが、バグダディはシリア北部からイラクに至る広大な土地を支配下に収めている。

バラバラになって機能不全に陥った他の反政府勢力と違って、バグダディは素早く動き、神出鬼没の力ある指導者として自らを確立した。バグダディ指揮下のISISが急激な成長を遂げたのは、二〇一一年にシリアでスンニ派の反乱が始まり、それがイラク六〇〇万のスンニ派に対し、サダム・フセインが打倒されてから続く政治・経済的な不当な扱いと闘うよう励ますものになったからだ。

二〇一三年、ISISは入念に計画した数々の作戦を実行に移した。その年の夏には、バグダッドの西のアブグレイブ刑務所を襲い、組織の幹部やベテランの戦闘員らの奪還に成功した。その軍事作戦の巧妙さは、母体組織のアルカイダの絶頂期――米国〔の資金供与〕によってスンニ派の多くの部族が敵に回る以前――二〇〇六～二〇〇七年時点をはるかに上回るものだった。

シリア・イラク国境のどちらの側でも活動できるのが、ISISの強みだった。シリアでISISは聖戦グループ間の戦闘で、JANやアーラル・アッシャム〔ハッサン・アブード率いるシリアの反政府武装組織〕などと戦っているが、ラッカ、およびトルコ国境近くのクルド人居住区を除くシリア東部の大半は、いまISISの支配下にある。

ワシントンの「戦争研究所〔ISW＝二〇〇七年に創設されたイラク問題専門の研究所〕」のジェシカ・D・ルイスは、二〇一三年末時点での聖戦運動の動向をまとめた研究論文のなかで、ISISを「〔イラク南部の〕バスラからシリア沿海部に至る地域で活動する、極めて活力にあふれ、柔軟で能力の高い組織」と述べた。

こうしたISISの速やかな権力拡大を自ら受けとめ、その重大な意味を考える外国政府はほとんどなかった。だからモスル陥落の知らせは、ショックで迎えられなければならなかった。

ISISは二つのファクターに付け込み、影響力を強めた。ひとつは隣のシリアでのスンニ派の反乱。もうひとつは、バグダッドのシーア派政府によるイラク・スンニ派の疎外である。

イラク・スンニ派の抵抗は二〇一二年十二月に始まった。最初は非暴力の抵抗だったが、マリキ政権が譲歩に応じなかったことと、二〇一三年の春、キルクーク南西のハウィジャで、スンニ派住民の「ピース・キャンプ」にイラク政府軍が突入する虐殺事件が起きたことで、武装抵抗へ流れが一気に変わった。

翌二〇一四年四月の議会選挙をマリキは、西部、アンバール州を中心拠点とするスンニ派反革命を鎮圧できるのは、シーア派のリーダーである私だけだと見得を切り、それを前面に押し出して戦った。モスルが陥落するとマリキは、お前が改革を拒否していなければ、ＩＳＩＳの力を殺いでいたかも知れないのに、と非難を浴びた。マリキもまた、スンニ派は旧時代の支配を忘れられないだけだと甘く見るシーア派政治家の一人に過ぎなかった。

このマリキに対する敵意がスンニ派を団結させたことで、ＩＳＩＳは七つか八つある他のスンニ派戦闘集団と停戦し、同盟関係を結ぶことができた。マリキの失敗にすべてを帰せるものでもないが、マリキはたしかに、スンニ派コミュニティーをまるごと、ＩＳＩＳの腕の中に押し込んで行くうえで中心的な役割を果たしたのである。それはスンニ派コミュニティー自体が、いずれ悔やむことになるかもしれない重大な出来事だった。

マリキは二〇一四年の議会選挙で、「スンニ派の反革命があるぞ」と言ってシーア派の有権者たちを脅し、選挙戦を有利に進めたが、選挙が終わると、あれは当選者を増やすための策略だったというような態度をとって、スンニ派コミュニティーがＩＳＩＳをショック療法の先兵として使うかどうか、ギリギリの決断の岐路に近づいていることに気づかなかった。

こうしてマリキは、誰の目にも明らかな警戒警報を見逃すことになる。二〇一四年の初め、Ｉ

SISはバグダッドの西四〇マイルにあるファルージャを奪取、イラク西部にまたがるアンバール州の広大な地域を手中に収めた。

三月、戦闘員たちはファルージャの通りを、イラク政府軍から奪った「ハンビィー」装甲車両を連ねてパレードした。

アルカイダの黒旗が再びファルージャの空にひるがえったことは、米国にとって止《とど》めの屈辱となった。この街は、二〇〇四年に米国の海兵隊が激しい戦いの末、奪取したところだ。ファルージャでの海兵隊の勝利は、華々しい修飾語でもって喧伝されたものだ。

ISISはファルージャの街を占拠しているが、近くのファルージャ・ダムも押さえている。ユーフラテスの流れを調節するこのダムは、下流の諸都市を洪水で水浸しにすることも干上がらせることもできる。

ISISを軍事力で押し返すことができないイラク政府は、反政府武装勢力の支配地外を通る古い運河で流れを変え、当面の危機を乗り切ったものの、ファルージャを含むアンバール州の戦闘結果は、イラクの軍事バランスがどれだけISIS側に有利に傾いているかを示すものとなった。アンバール州に駐屯するイラク政府軍五個師団は、甚大な損害を被った。報道によると五〇〇〇人の兵士が死傷、一万二〇〇〇人が脱走した。

そしてその年の六月、ISISは北方の大都市、モスル（人口二〇〇万、イラク第二の都市）を地元のスンニ派武装組織とともに攻略、イラク政府軍をこの街から放逐する。しかし、あるイラク人が言うように、もともと「モスルは長い間、中央政府の権威下にあるのを止めていた」のだ。モスルを陥落させる前から、ＩＳＩＳは市場の野菜売りから携帯電話の会社や建設会社に至る、この街のすべての人や企業に税金を課していた。ある推計によれば、月に八〇〇万ドルもの上がりだった。バグダッドの北にあるティクリットでも同じような課税が始まった。友人が言うには、ＩＳＩＳに税金を払っていないレストランに行く人はいなくなった。食事の最中、爆弾の餌食になりかねないからだ。

次はシリアの状況をみることにしよう。現在、アサド政権に反対する武装勢力は、イスラム国家の建国を願うスンニ派聖戦士たちで支配されている。彼らは外国の戦闘員を受け入れ、国内の少数派であるアラウィー派やキリスト教徒を虐殺している。クルド人支配地域を除くシリア東部は油田地帯を含め、目下、聖戦士たちの支配下にある。この一帯ではさまざまな聖戦グループが競い合っており、二〇一四年の初めからは血なまぐさい殺し合いになっている。

ＩＳＩＳがＪＡＮ〔ヌスラ戦線〕を立ち上げたのは二〇一一年のことだ。シリアで急激にエスカレートする内戦を格好の機会ととらえ、これに乗り遅れると自分らの戦いも隅に追いやられると思ったからだ。ＩＳＩＳはＪＡＮに金と武器と経験を積んだ戦闘員を送り込んだ。

一年後、ＩＳＩＳはＪＡＮを自分の影響下に置こうとした。勝手な行動をし過ぎると考えたからだ。シリアとイラクにまたがるＩＳＩＳの組織に組み込もうとした。ＪＡＮ側はこれに抵抗し、聖戦グループ間の内戦が始まった。

イスラム戦線（ＩＦ）という、トルコとカタールの支援で新たに生まれた反対派集団の強力な連合体も、ＩＳＩＳとの戦いに加わった。シャリアという厳しいイスラムの戒律を課すことでは一致しながら、ＩＳＩＳと敵対した。

社会的・宗教的な習俗においてＩＳＩＳとＪＡＮの間に、大きな違いはなかった。ＪＡＮの方が戒律に、より緩やかだという見方がある程度だった。しかしシリア東部、ユーフラテス河岸のデイルエゾールで、民家で行なわれていた結婚式に乱入し、イスラムの服を着ないで音楽を大音量で聴いていた女性たちを逮捕したのは、ＪＡＮの戦闘員だった。

内戦が続くなか、非聖戦派の武装勢力はシリアの反政府勢力のなかで、脇に追いやられて来た。一時、西側から次のシリア政権を担う者と期待された、より世俗的な武装集団、自由シリア軍（ＦＳＡ）も依然脇役のままだ。

ＩＳＩＳは現在、東部のアレッポ県の大半を押さえている。しかし、県都アレッポをめぐる最近の戦闘はＪＡＮと、同じくアルカイダ型のアーラル・アッシャムが指導したものだ。またシリア政府支配地域の地中海沿岸、ラタキアに対する、これも最近の攻撃では、モロッコとチェチェンの聖戦士が先陣を切った。この間、ＪＡＮの戦闘員は首都ダマスカス郊外のいくつかの区域を攻略、トルコ国境に至る町や村々を席捲した。

ＩＳＩＳとその他、聖戦集団との内戦は実は長期的な戦略目標を睨んだ戦いではなく、どっちが強くて戦利品をぶん取れるかの戦いである。

シリア、イラクにおける、こうした聖戦グループの戦力の急激な増強と拡大は、つい最近まで西側の政治家やメディア全般の目に留まらずにいた。その主たる原因は、西側政府および治安当局が、聖戦グループの脅威を「アルカイダ・セントラル」、あるいは「コア・アルカイダ」という名の、元祖アルカイダによって直接コントロール下にあるものにだけ限定して考えていたからだ。こう考えると、地上の現実以上に、いわゆる「テロとの戦い」の成功なるものを、より喜ばしく描き出しプレゼンすることができる。

心配すべきは公式に認められたアルカイダ系の聖戦士だけだ、というこの考え方はナイーブなもので、自らを欺くものだった。それはたとえばＩＳＩＳがアルカイダの指導者のザワヒリに、その過度の暴力性と宗派性を批判されていた事実に対しても目を塞ぐものだった。

ことし〔二〇一四年〕初め、トルコ東南部で、アルカイダの直接支配下にはない、さまざまな聖戦士たちの話を聞いた消息筋は、わたしにこう教えてくれた。「彼らはみんな、一人の例外もなく、

９・11の攻撃を熱狂的に支持していましたよ。そして、同じことがアメリカだけでなくヨーロッパで繰り返されたらいい、と言っていました」。

アルカイダにイデオロギー的に近い聖戦グループでも、その活動が米国の政治目的にかなうものであれば、「穏健派」とのレッテルをもらうことができた。

シリア内戦でアメリカ人は、サウジアラビアが立てた計画に乗った。それはヨルダンに「南方戦線」を構築し、ダマスカスのアサド政権と同時に、シリア北東部で活動するアルカイダ型反乱勢力に対抗させるというものだった。

伝えられるところによると、サウジアラビアから対空ミサイルの供与を受けることになったのは、「穏健派」とされた、強力なヤルムーク旅団〔自由シリア軍系の有力武装グループ〕で、新布陣における指導的な立場を担うものとされた。

しかし、公開されたビデオの数々は、ヤルムーク旅団がアルカイダの公式下部組織であるＪＡＮと手を組み、しばしば共同の戦いを進めていたことを示している。これはつまり、戦いの最中にヤルムーク側からＪＡＮに兵器が渡ることがあり得るということだ。

ワシントンは結局、対空ミサイルという高度な兵器を最悪の敵のひとつに差し出すところだったわけだ。イラク政府当局者はイラク国内で、もともとシリアの反アルカイダ勢力に外国から供与されたとみられる精巧な兵器をＩＳＩＳの戦闘員から奪い返したことを確認している。

「アルカイダ」の名前は、常に柔軟に利用されて来た。二〇〇三年から二〇〇四年にかけて、イラクでは米英主導の占領に対する武装抵抗運動が盛り上がった。米国の当局者はその攻撃の大半に「アルカイダによる」のレッテルを貼り続けた。実際は米軍などへの攻撃の多くは、民族主義者や〔サダム・フセインの〕バース党員集団によるものだった。

これと似た宣伝活動は、イラク侵攻に先立ち、米国の有権者の六〇%近くを説得するのに利用された。何の証拠もないのに、サダム・フセインと9・11首謀者の間には、つながりがあると信じ込ませたのだ。このアルカイダに対する非難はイラクにおいてもイスラム世界の全域でそうだったように、米英占領軍への抵抗で、彼らの役割を誇張する結果を生んだ。

二〇一一年のリビアでは西側が、これとは正反対のPR戦術を採った。カダフィ追い落としで戦うNATO支援の反乱グループとアルカイダの類似性は軽視され、注目は集まらなかった。ビンラディンのコア・アルカイダと直接つながりのある聖戦士たちだけが「危険分子」とレッテルを貼られた。反カダフィの反乱に立ち上がった聖戦グループは、アルカイダと直接つながりがある聖戦士たちより脅威ではないとの虚構が作られた。しかし二〇一二年九月、ベンガジで、米国大使のクリス・スチーブンスが、それら〔アルカイダとつながらない〕聖戦士たちの手で殺されたことで、悲劇的かつ明確なかたちで崩れ去った。

「アルカイダ」とはいまや「組織」というより、ひとつの「観念」である。これはこれまで長らく、そうあり続けて来たことだ。

一九九六年以降の五年間は、たしかに中核組織や資金源を持ち、アフガニスタンには駐屯地を設けていた。しかし二〇〇一年、アフガニスタンのタリバン政権の崩壊後、これらは一掃されたのである。この結果、「アルカイダ」の名前は、デモ隊の叫びや、シャリア〔イスラム法〕の適用、イスラムの習慣の復活、婦人の従属を求めるイスラム信仰、および、死を与えるにふさわしい背教のイスラム教徒に対する聖戦の代名詞に変わったのだ。

こうした聖戦の教義の中心にあるのは、信仰と行動のシンボルとしての自己犠牲および殉教の強調である。これが、軍事訓練の手間ひまをかけずに狂信者を自爆者として使い、壊滅的な効果を上げる戦法に行き着いた。

「アルカイダ」をしっかりした指揮命令系統を持った「ミニ・ペンタゴン〔米国防総省〕」、あるいはアメリカのマフィアのように見なすことは、米国その他の政府の利益にかなうことだった。そしてそれは一般の人びとにとっても、まだ気の休まることだった。

組織された集団であれば、それがどんなに悪魔的であれ、追跡して捕まえ、投獄したり処刑することで壊滅させることができるからだ。現実はしかし、もっと恐ろしいところへ来ているのだ。スンニ派聖戦士の運動は、いまや志望者が自分で勝手に立ち上がり、どこにでも出現し得るものになっている。

ビンラディンは自分の手元の戦闘員集団を、「9・11」が起きたあとまで「アルカイダ」とは呼ばなかったのだが、その彼の集団も十二年前に存在した数多い聖戦グループのひとつに過ぎなかった。しかし、その考えと方法は現在、聖戦士たちの間で主流の座を占めている。それは「アルカイダ」の名が、〔ニューヨークの世界貿易センターの〕ツインタワーの破壊やイラク戦争、さらにはワシントンの宣伝によって、あらゆる反米活動の悪の根源として悪魔化されたことで轟きわたり、世間の注目を浴びたからだ。

最近の傾向として出ているのは、聖戦士たちの考え方が、アルカイダに以前つながりがあったかどうかにかかわりなく、違いがないものになって来ていることだ。

にもかかわらず、西側政府当局が「アルカイダの虚構」にすがるのは、名の知られた聖戦士や同盟者を殺すことで「勝利」を叫ぶことができるからだ。こうして抹殺された聖戦士たちに「作戦のトップ」といった疑似的な軍事用語がつけられるのは、彼らが死んだ意味をことさら大きくしたいがためだ。

「テロとの戦い」における、大がかりな宣伝活動と無内容さの極め付けは、二〇一一年のパキスタンのアボッターバードでのビンラディン殺害だった。おかげでオバマ大統領は、アルカイダの首領を追いつめた男として米国民の前に、その偉大な姿を見せることができた。しかし実際問題でいえば、ビンラディンの死はアルカイダ型の聖戦グループにほとんど何のインパクトも及ぼさなかった。聖戦グループの勢力拡大が最高潮に達するのは、ビンラディンが殺されたあとのことである。

「アルカイダ」を生き延びさせ、その後の勢力拡大を許した重大な決断は、「9・11」直後の数時間以内に行なわれた。ツインタワーなど米国を象徴するビルに航空機で突っ込んだ実行犯のほとんどがサウジアラビアにつながる男たちだった。ビンラディンはサウジアラビアのエリート層の出身だが、その父親はサウジアラビア王政の側近の立場にあった。米国の独立調査委員会による「9・11」報告書〔同時多発テロ三年後、二〇〇四年にまとめられた米政府の正式調査報告書〕が引用した二〇〇二年のCIAレポートによると、アルカイダはその活動資金を「主に湾岸諸国、とくにサウジアラビアのさまざまな寄付者、資金調達者に頼っていた」。

この点に関する独立調査委員会の調査活動は、サウジアラビアに関する情報を得ようとするたびにアクセスを制限されるか拒否される結果に終わった。ブッシュ大統領はサウジアラビアの責任を追及することなど考えもしなかったようだ。

ビンラディンの親類を含むサウジアラビア有力者たちは、「9・11」後、米政府の手配で米国を脱出した。そしてこれは最も重要なことだが、「9・11」調査報告書のうち、テロ実行犯とサウジアラビアとの関係を記した二八頁分が非公開となった。後任のオバマ大統領はこの公開を約束したのだが、国家安全保障上の理由でいまだ公表されていない。

二〇〇九年――「9・11」から八年後、ヒラリー・クリントン国務長官の機密電が「ウィキリークス」によって暴露された。機密電は、サウジアラビアの寄付者が世界中のスンニ派テロリスト集団に対する最大の資金源になっていることに苦言を呈したものだった。

米国や西欧諸国はサウジアラビアの聖職者が衛星放送やユーチューブ、ツイッターを通じ、異端者であるシーア派を殺すよう呼びかけていることに無関心の態度をとり続けて来た。呼びかけは、アルカイダの爆弾がイラクのシーア派居住区で爆発し、多くの人びとを殺す最中も流れ続けた。

同じ年、二〇〇九年の別の米国務省機密電のサブ見出しは、こうだった。「サウジアラビア‥反シーアが外交政策?」。

そしてそれから五年後の今――サウジアラビアに支援されたスンニ派聖戦グループは、非スンニのイスラムに対し激烈な宗派戦争を続けている。

パキスタン、あるいはインターサービス・インテリジェンス（ISI）という名のパキスタン軍情報機関もまた、アルカイダやタリバン、そしてさまざまな聖戦運動の生みの親の一人だ。

アフガニスタンのタリバン政権が米軍の猛烈な空爆の下、瓦解した二〇〇一年のこと、アフガニスタン北部でタリバンの部隊が反タリバン勢力に包囲されたことがある。降伏する前、急遽、へリで脱出した集団がいた。数百人に及ぶＩＳＩの諜報部員、軍事教練の指導官と軍事顧問のパキスタン人だった。

　ＩＳＩがタリバンや聖戦士らのスポンサーになっていることを示す、もうこれ以上のものはないくらいハッキリした証拠があるにもかかわらず、ワシントンはパキスタンと対決することを拒んで来た。タリバンが二〇〇三年になって息を吹き返す道筋は、これによって切りひらかれていたのである。この流れは米国もＮＡＴＯも、まだ変えられないでいる。

「テロとの戦い」は失敗に終わったのだ。スンニ派聖戦運動全体をターゲットにしなかったから、そして何よりサウジアラビアとパキスタンに照準を合わせなかったから、失敗に終わったのだ。

　この二つの国はイスラム武装集団の聖戦主義を、信条としても運動としても育てた国である。米国がサウジアラビア、パキスタンに照準を合わせなかったのは、両国とも重要な同盟国であり、関係を損ねたくなかったからだ。サウジアラビアは米国にとって巨大な兵器マーケットである。サウジアラビアは米国の政治エスタブリッシュメントの有力なメンバーと関係をつくり、時には金にものを言わせて買収さえした。パキスタンは人口一億八〇〇〇万の核武装国家で、その軍部はペンタゴンと密接な関係を持つ。

　アルカイダとそこから生まれた聖戦グループの目覚ましい再生ぶりは、「９・11」後の米英の諜報機関および諜報予算の大規模な増強・増額にもかかわらず、起きたことだ。「９・11」以来、米国はアフガニスタンとイラクで戦争を戦い、英国はこれに追従した。米政府は、裁判なしの投獄、拷問が許された国への身柄の送致、拷問、一般市民に対する諜報活動といった警察国家の専売特許を採用した。政府は安全を確保するためには個人の権利を犠牲にしなければならないと言って「テロとの戦い」を進めたのである。

こうした「テロとの戦い」に対し、狙いをつけられた側、聖戦グループの活動は負けていないばかりか、むしろ強大なものへと成長して来た。「9・11」の頃、アルカイダはまだ小さな、なにかと動きの悪い組織に過ぎなかった。それが二〇一四年には、アルカイダ型組織は大きく数を増やし、強力な力を持つに至っている。言い換えれば「テロとの戦い」は二〇〇一年以来、世界のほとんどの国で、政治的な風景を形作るものにはなったが、もはや明確に、失敗に終わったのだ。

そのことに誰も関心を示さずにいた。あのモスルの陥落があるまでは、誰も……。

第５章

イラク・スンニ派の再起

The Sunni Resurgence In Iraq

イラクで起きている出来事は、常に見ての通りだというわけではない。見せかけと真実がまるで違うこともままある。

そんな具体例が最近、二件起きた。

最初の例は二〇一四年一月、ISISが部族民兵らの力を借りてファルージャを奪還したときのことだ。ファルージャの陥落はイラク政府にとって、ボディーブローをくらったようなものだ。バグダッドの西四〇マイルにあるスンニ派の拠点、ファルージャは首都に通じる門前都市。ISがファルージャを占拠し、三〇〇〜五〇〇人の高性能ライフルを装備した狙撃手を周囲に配備したと報じられたあと、イラク政府側の人びととの間で、ファルージャの戦いの実態を生々しく伝える実写ビデオがツイッターやフェイスブックで出回った。

イラクなまりのアラビア語のナレーション付きビデオは、上空から撮られていた。地上の戦闘員に狙いをつけ、空中から発射されたミサイルが、敵を一掃していく場面が写されていた。ビデオを見たイラク政府サポーターたちの意気が上がらないわけがなかった。

が、彼らにとって残念なことに、ビデオがネットにアップされた数時間後に、これはアフガニスタンで撮られたもので、米軍の攻撃機がタリバン目がけてミサイルを撃ち込んでいる映像ではないか、との指摘が出た。考えてみれば、イラク政府軍にそれほど精確な、空からの攻撃能力があるわけがなかった。

その後、伝えられたところによると、ファルージャに対して政府軍は、爆発物を詰め込んだ樽爆弾を闇雲《やみくも》に投下した、とのことだ。イラク政府軍の六ヵ月にわたるファルージャ再奪還作戦の失敗と、偽りの戦勝ビデオをつくらざるを得ない状況は、一〇〇万のイラク政府軍――正規軍三五万、警察部隊六五万の弱体ぶりを曝け出した。その真実の姿がより際立ったのは、二〇一四年六月、ＩＳＩＳがイラクの北・西部において、政府軍を一掃してみせたときのことだ。

真実を捻じ曲げて伝える騙しのテクニックは、イラク政府側の独占物ではない。二〇一二年十二月、スンニ穏健派のイサウィ財務相のボディーガードたちがイラク政府によって拉致される事件が起きた。この逮捕に抗議する平和デモが、イラクの中・北部のスンニ派の間で広がった。イラクのスンニ派アラブ人は三三〇〇万の全人口の約五分の一を占めている。デモは多数の参加者で盛り上がり、スンニ派に対する政治・社会・経済的な差別を止めるよう政府側に求めた。しかしマリキ首相がおざなりな妥協策しか出さないとわかると、毎週のデモに背を向ける者が多くなった。

スンニ派の町、ティクリットはイラク中部、サラフディン州の州都である。そこでも最初は一万の住民がデモに集まった。それがそのあと、たった一〇〇〇人に激減した。

地元の消息筋が、こう知らせて来た。「それで金曜日の礼拝用に、ひとつだけモスクを開け、ほかのすべてのモスクを閉じる決定が下されたんです。そうすると、信者はみんな、開いているモスクに集まりますよね。そこをビデオやカメラで撮影するんです。まるで抗議の群衆が集まっているように見せて。その映像を、金づるのいる湾岸へ送るわけです。すると大金持ちのスポンサーたちは、抗議デモがまだ大規模に続いていると思い込んでしまう（あるいは、嘘と知りつつ送金する気になる）わけです」。

このティクリットの消息筋によれば、湾岸の支援者から、デモ参加者の食事代や交通費として送られて来た金は、抗議デモを組織した者のポケットに入ったようだ。

それはともかくこの出来事は、スンニ派住民の怒りが弱まったことを示すものではない。それは平和デモが武装抵抗へ変質して行く流れを物語るものだ。

この二つのエピソードは、イラクにおける政治の真実を浮かび上がらせるものだ。イラクの政府にしろ、それ以外の政治運動にしろ、見かけほどの力を実は持ち合わせていない。権力は分散しているのだ。こうした権力の分散があればこそ、ＩＳＩＳはあらゆる予想を上回る力強さとスピードで勃興することができたのである。

ＩＳＩＳは二〇一四年の六月に向けて、恐怖を振り撒きながら弾みをつけていたのである。それにしてもモスル陥落は大きな驚きとなった事件だが、それはＩＳＩＳ自身もそうだった。「敵もそうだが、われわれの支援者も〔この戦勝に〕同じようにあっけにとられている」と語ったのは、ISISのアドナニ報道官だった。一五師団を擁する一〇〇万の大軍が、六〇〇〇の兵しか持たない敵に屈した例を歴史のなかに見つけることは難しい。それを可能とした鍵は、スンニ派の人びとが苦難の圧政が間もなく終わることを感じて、ISISをひそかに支援する心の準備をしていたからだ。

イラク政府軍の士気と規律の欠如もまた、敗北の明白な要因だった。最近、退役したばかりの政府軍の将軍は、敗北の理由を聞かれて、こうまくし立てた。「腐敗だ！ 腐敗だ！ 腐敗だ！」。将軍によると、政府軍の腐敗が始まったのは、二〇〇五年ごろ、米国がイラク政府軍に対し、食糧やその他の装備品を外国から調達するよう告げ、金をばらまいたときからだ。兵士六〇〇人を抱えた大隊の司令官には、その人数分の調達資金が支払われた。大隊にはしかし、二〇〇人の兵士しかおらず、その差を懐に入れることができた。すごい金額だった。

こうして政府軍は上級士官らの「金儲けマシーン」と化した。検問所の下級兵士もゆすりの闇商売に走り出した。政府軍にはしっかり訓練されたスンニ派の将校もいたが、脇に追いやられ外された。将軍はこう結論づけた。「イラクには結局、国民的軍隊はなかったんだね」。

軍の腐敗はあらゆるレベルにわたっていた。師団長のポストは二万ドルで買うことができた。賄賂の投資は、検問所を通過する、金を持っていそうな車から巻き上げる袖の下で回収すればよかった。

何年か前のことだが、イラクの実業家から、こんなことを聞かされた。実業家はイラク南部、バスラ港を窓口とした輸入ビジネスに見切りをつけた。輸入した品物をバスラの埠頭からバグダッドに運ぶまでの間に、役人や兵士に払わなければならない賄賂があまりに多すぎて商売にならなくなったからだ。

バグダッドのもう一人の友人は（というように、いつも匿名で書かねばならないと思うと、わたしとしては、いい加減なイラク報告になりそうな気がして不安になるのだが）、わたしにこう言った。「サダム・フセインの軍隊の兵士たちも、脱走したい気持ちになることはあったよ。給料もひどいものだったし。でも脱走すればすぐ殺されるから、戦場に出されるときまで待って、そこで死んだ方がマシだと思い直していたんだ。でも、いまの政府軍は、そういう軍隊じゃなくなっている。兵隊たちは給料に興味があるだけなんだ。脱走したあとどうなるかなんて気にも留めないんだ」。

*

イラクの人たちはもはやナイーブな人たちでなくなっている。過去五十年に及ぶ、この国の支配者たちによる陰惨な経験が、多くのイラク人を自己中心で貪欲な、残虐で無能な人間に仕立て上げたのだ。イラク人のなかには、米英がサダム・フセインを追い落とす準備を進めるなかで、非常事態が永遠に続く日常から逃れられるかも知れないと、望みをかけた人もいた。その一方で、サダム・フセインが打倒されたとき、イラクを新しい国にするといって海外から帰って来た人たちを警戒の目で見た人たちもいた。

二〇〇三年の米軍侵攻の数ヵ月前、イラク政府の当局者はバグダッドでオフレコのインタビューに応え、陰鬱な今後の見通しをこっそり打ち明けた。「亡命したイラク人たちは、いまこの国を支配している連中とウリふたつなのです……違いがあるとすれば、いまの支配者たちの場合、過去三十年間にわたって、わたしたちから奪い取った金で、すでに飽満状態にあることですね。米軍といっしょに戻ってくる亡命者たちも、きっと貪欲ですよ」。

米軍侵攻後、帰国した人びとの中には、サダム・フセインに反対して犠牲を強いられた人も数多く含まれていた。しかし、上記のオフレコ・インタビューから十年が瞬く間に過ぎた今、わかったことは、あの匿名のイラク当局者の、イラク新政権の貪欲さを予言する言葉は、あまりにも正し過ぎるものだったことだ。新政権の元閣僚が語ったように、「イラク政府とは、略奪政治《クレプトクラシー》が制度化されたもの」だったわけである。

政治学者であり運動家のガッサン・アル・アティヤー〔開発と民主主義のためのイラク基金理事長〕は、これをこんなふうに説明した。「軍に入るも賄賂。刑務所を出るも賄賂。裁判官が釈放を決めるのも賄賂なんです。判決文の作成料を払うんです。払えなければ、出て来れない。釈放されても、すぐ軍人に捕まりかねない。その軍人にしろ職を得るのに一万ドルから五万ドルかかった。借金して賄賂を払って兵士になったのです。その借金を返さなけりゃならないんです」。

イラク版「キャッチ22」〔米国のジョーゼフ・ヘラーの小説の題名から由来する表現で、どうにもならない状況を指す〕とは、何もかもが売りに出されていることを言う。入獄経験者の証言では、シャワーを浴びるのに一回一〇〇ドル、看守に払わなければならなかったそうだ。不正な金儲けは昔も今も引き続き行なわれ、この国の決まりとなってしまった。ある実業家は、地下に石油管が通っている場所に家を建てた。パイプにドリルで穴を開け、石油を吸い出すためだった。

こうした腐敗は、イラク人の日常を錯綜させ、生活に毒を回すものになっている。賄賂を払えるイラク人の場合はとくに、腐敗に取り込まれやすい。

しかし賄賂がこれだけ頻繁に行なわれているにもかかわらず、それ自体が政府や経済を麻痺させるものになってはいない。たとえばクルド自治区の政府はひどく腐敗していると言われているが、経済は好景気が続き、その経済運営はイラクのモデルだと称賛されている。

実はこの国には、そんな賄賂よりもっと深刻なものが進行している。それは公的資金の丸ごと窃盗である。これまで数百億ドルの政府資金が投入されたはずなのに、電力不足をはじめ、生活インフラの惨めさはなお続いているのだ。サダム・フセインが打倒されたことを悔やむイラク人はほとんどいないが、一九九一年の湾岸戦争時に、米軍のバグダッド空爆で破壊された発電所が、政府資金ですぐさま修復されたことを覚えている人は多い。

政治家、政党、役人による犯罪者カーストによる石油収入の横取り以外にも、腐敗はある。マリキは二〇〇六年以降、首相の座にあった人物だが、彼を批判する人に言わせると、敵でも味方でも自分が従わせたいと思った者には政府の事業契約を振り当て、政治的な支配を維持してきた。イラクの消息通によれば、マリキの恩恵に預かった者は「足抜けするなら、捜査と暴露を覚悟しろと脅される」という。恩恵に預かっていない者さえ、いつでも汚職捜査のターゲットになりかねないありさまだ。

「マリキはあのFBIのフーヴァー長官のように、政敵の調査ファイルを有効活用している」と消息通は語った。

イラク政府自体がこうした腐敗に取り組めないのは、それが政府を動かしているメカニズムそのものだからだ。政府にはたしかに汚職と闘う部局もあるが、常に牙を抜かれ、隅に追われ、脅迫され続けている。

しかし、それにしても、イラクではこうもひどい汚職がどうしてなくならないのか？　これに対するイラク人自身のシンプルな答えはこうだ。

それは——「一九九〇年代の国連の制裁がイラクの社会を破壊し、二〇〇三年からアメリカ人がイラクの国家を破壊したから」。

そして、シーア派が支配するマリキ政権下で続いた、自分たちの党や親族、宗派コミュニティーだけに目をかけるパトロン政治が、サダム・フセイン政権の崩壊後始まったイラク・スンニ派の政治・経済的な凋落に拍車をかけたのだ。

ISISはこうしたイラク・スンニ派の疎外感、迫害の増大に付け込んだ。非政府機関（NGO）の「国際危機グループ（ICG）」〔本部・ベルギー〕の報告によると、「スンニ派アラブ人の多くが、ますます自分の思いを告白するかたちで、現実的な選択肢は暴力に訴えるしかないと結論付けている」。

言い換えればイラクのスンニ派の人びとは、生き延びるためのベスト・チャンスをつかみ、権力闘争に勝ちうる道は、シーア派の覇権に対するスンニ派社会挙げての戦いのなかにしかないと見ているわけだ。

シーア派が支配するイラク政府は二〇一一年以前の段階で、スンニ派に対する対決姿勢を弱めることもできたはずだ。しかし、シリアでの「アラブの春」が、サウジアラビアその他のスンニ派湾岸王政およびトルコによって支持されたシリア多数派のスンニ派の反乱のかたちをとり始めると、中東全体の宗派バランスに変化が生まれた。

イラク・スンニ派は二〇〇三年に樹立されたシーア・クルド支配の現実を悔しい思いで見て来

たが、仕方ないことだと諦めてもいた。スンニ派の人びとは二〇〇六年から二〇〇七年の宗派間内戦で、シーア派民兵、シーア派が支配する治安部隊によって、バグダッドのスンニ派居住区から追い出されたようなことが再び起きるのではないかと恐れていた。二〇〇七年九月のバグダッド・米大使館発機密電は、こう報告していた。「バグダッドの半分以上の居住区が、シーア派が圧倒的多数を占めるものになっている。スンニ派住民は郊外に脱出するか、シーア派住区に囲まれた一角に固まるかのどちらかだ」。この状況は今なお、ほとんど変わっていない。

二〇一四年六月のあと、一気に明らかになった宗派ラインを軸とした権力力学の変化は、ほかならぬイラク・シーア派コミュニティーの恐怖を掻き立てるものでもあった。バグダッドの観測筋は、こう語った。「イラクのシーア派は、いま起きている事態を、政府の圧政に対する正当な反発ではなく、スンニ派が支配した旧体制を復活させる試みと見ているのです」。緊張はシーア派、スンニ派の両方で高まり、血まみれの全面的な宗派対決が避けられないところへと進んだわけである。

二〇一四年の夏、シーア派の若者たちが武装民兵にどっと加わったのは、イラク・シーア派の最高聖職者、シスタニ師の呼びかけがあったからだ。「バグダッドの通りは沸騰している」と語ったのは、現場の観測者の一人である。一〇〇〇人の志願者がシーア派の聖地カルバラ〔第三代イマーム、フサイン殉教の地〕から前線の町、サマラに向かった。サマラはスンニ派が多数を占める町だが、そこにはシーア派の最高聖地のひとつ、アスカリ・モスクがあった。

こうした宗派対立の極限化にさらなる油を注いだのは、米国とロシアの間で繰り広げられているホットな冷戦だった。米ロの代理人たちはそれぞれ役割を果たした。サウジアラビアや湾岸諸国の背後には米国がいた。シリアやレバノンのヒズボラは、ロシアが支援していた。

イラクのシーア派政権を援助してきたイランのロウハニ大統領〔第七代大統領で二〇一三年に就任。シーア派〕も、「イランはテロと対決するため、国際的・地域的なあらゆるレベルで、すべての努力を傾けるだろう」と述べ、スンニ派の反乱と戦うマリキ政権支持を表明した。長い国境線をともにするイラクは、イランにとっても最も重要な同盟国だ。その重要性はシリアに勝る。イラン人はイラク政府軍の突然の崩壊に驚愕した。それはイランにとって、シリアで問題が持ち上がることも意味したからだ。

イランはアサド政権の支配を支えようと苦闘を続け、その安定にいくらかは成功していたようだ。二〇一四年のＩＳＩＳの攻勢に対しイランは、「革命防衛隊」の中枢参謀ら軍および民兵組織のメンバーで新たな軍事介入組織を創設したのではないかと見られている。

イラク政府はサウジアラビアが信奉するイスラム宗派、ワッハービズムの隠れた手が、多くの国内問題の背後にあるのではないかと長年疑い続けていた。二〇一四年三月、マリキ首相は「フランス24」テレビのインタビューに対し、スンニ派の暴力を勃興させたのはサウジアラビアとカタールだと決めつけ、「両国はイラクの宗派、テロ、安全の危機に主たる責任を負っている」と非難した。

マリキはさらに、彼がスンニ派を脇に追いやっているという主張は、「サウジアラビアやカタールの扇動に乗った、外国の策謀につながる宗派主義者」によって吹き込まれたものだと語った。マリキの非難は怒りのこもったダイレクトなものだった。リヤドとドーハ〔サウジアラビアとカタールの首都〕は「テロ組織のために武器を買う」など武装勢力を援助していると言い切ったのだ。

マリキの主張にはかなりの真実味があった。シリアの武装反政府派向けの湾岸諸国からの援助の一部は、疑いもなくシリアの聖戦グループの手に渡っていた。トルコもまた、武器と自爆志願者が、五六〇マイルに及ぶ国境を越え、シリア入りすることを黙認していた。その銃器と戦闘員、自爆志願者の一部がイラクに流れ込むことは避けられないことだった。ISISがシリアとイラクをまるでひとつの国のように行き来している以上、これは驚くまでもないことだった。

ここ二年の間、暴力は急激な高まりを見せた。〔米英のボランティアが立ち上げた犠牲者確認サイトの〕「イラク・ボディ・カウント」によると、二〇一三年の一年間に、イラクでは一万人に近い民間人が殺された。二〇一四年にも最初の五ヵ月間で五〇〇〇人近くが殺された。二〇一三年八月、米政府高官は「戦争研究所」のジェシカ・D・ルイスに対し、次のように語った。「平均すると、われわれは月に五件から一〇件の自爆攻撃を受けています……〔過去〕九十日間では、これが月三〇件近くのペースに急増しました。それら自爆者の大半がシリアから来たものと、われわれはいまも考えています」。

米国やその他西側諸国の問題は、シリアの武装反乱を支援することでイラクが不可避的に不安定化し、新たな宗派間の内戦を引き起こすことに目を閉じていることだ。二〇一〇年時点で、当時「イラクのアルカイダ」と呼ばれていたISISの母体組織は、低迷の底にあった。米軍に追われ、〔米軍の支援で組織された〕スンニ派部族メンバーが主体の反アルカイダ武装組織、「シャーワ〔覚醒〕」グループから攻撃され続けた。多くのベテラン戦闘員を戦場や刑務所に失い、生き残った者も一般のスンニ派住民の間で嫌われていた。「イラクのアルカイダ」は、イラク政府の下級職員まで、それがたとえスンニ派の者であっても殺してしまう、血に飢えたところが不評を買っていたのだ。それに彼らは、自ら公言していたシーア派・クルド人によるイラク政府の転覆に失敗していた。二〇一二年まではスンニ派の多くは、内戦を回避しながら政府を譲歩に追い込むことができればそれでよしとしていた。

イラクにおける聖戦士らの目覚ましい勃興は、よく練られた攻撃計画による攻勢を通じて生まれた。その重要な部分を占めたのは、刑務所に対する組織的な攻撃だった。「壁をぶっこわす」攻勢と呼ばれた囚人解放のための刑務所攻撃は八回行なわれ、二〇一三年夏のアブグレイブおよびタジ刑務所の解放でもって最高潮に達した。両刑務所からは少なくとも五〇〇人が脱出に成功した。その多くが経験豊富な戦闘員だった。

刑務所に対する攻撃は迫撃砲弾を一〇〇発撃ちこんだあと、自爆者が爆弾で血路を開き、それに囚人たちが反乱と放火で応えて看守側を混乱に陥れる組織的なものだった。

二〇一三年を通して、イラク政府の治安部隊に対するISISの攻撃はイラク全土でエスカレートの一途をたどった。

その年の四月二十三日、イラク政府軍がキルクーク南西、ハウィジャで、スンニ派住民の「ピース・キャンプ」を襲撃、二三人が殺され一一〇人が負傷したことで、有力部族を含む多くのスンニ派が離反した。政府軍によるにわか仕立ての反撃作戦は、刃向かってきそうなスンニ派の男たち全員を拘束し、ひどい目に遭わせるなどしたことから、逆効果を生むことになった。アンバール州の政府軍がファルージャやラマディに散発的ながら砲撃を続けたことで、一六〇万の州人口うちの五〇万人ほどが安全な地を求めて逃れた。生活が苦しくなり、家族全員が一部屋で暮らすことも覚悟の上での脱出だった。

ユーフラテス川の上流一帯では食糧難が起き、物価が高騰し、多くの学校が閉鎖に追い込まれた。アンバール州のスンニ派聖職者の最重鎮、アルサーディ師は、もともと穏健な行動を勧める宗教指導者だったが、翌年二〇一四年四月に行なわれる国会議員選挙を違法なものだと早々と宣言した。

二〇一四年六月の総攻撃に至る数ヵ月間、ISISがスンニ派居住地域に対し、どの程度の支配を確立しているかについては、わからないところがあった。ISISは自分たちの戦力を宣伝することもあれば、隠すこともあったからだ。モスルを陥落させたことは、聖戦士にとっては自分たちの正しさを象徴する勝利だった。自分たちの組織的な力ばかりか、イラク政府軍の膨大な兵力の壊れやすさを目の当たりにすることができた。

しかしモスルの街で本当は何が起きたのか、詳しいことはなお霧に包まれたままだ。現場からの信頼できる情報がないのである。それはモスルの地元メディアの記者に対する暗殺攻撃が続いていたことを考えれば、驚くまでもないことだ。二〇一三年の十月以降、五人のジャーナリストが殺され、四〇人がクルド自治区やトルコに逃げ出していた。地域コミュニティーの指導者で、政府の代理人として最も重要な役割もはたして来たムフタール〔代表〕たちも襲撃を受け、モスルから出て行くかISISの協力者になるか、どちらかを強いられた。ヤジディ教徒やクリスチャンといった少数派も攻撃目標にされた。

モスルはISISにとって特別に重要な都市だ。サダム・フセインのイラク軍に加わった出身者が多いからだ。サダム・フセインはこのモスル出身者のなかから歴代の防衛相を任命していた。このため、ISISの戦闘員が残虐であろうと、モスルの人びとにはシーア派が支配するマリキの政府軍よりは好ましかった。ＩＳＩＳ側もモスル市民を離反させないよう慎重な態度をとり続けていた。アドナニ報道官は戦闘員たちに、地元のスンニ派の人びとに対し、たとえイラク政府軍に加わっていた者でも穏やかに接するよう警告した。「誠実な人たちの悔い改めと、過ちの取り消しを受け入れなさい。妨げない者を妨げてはなりません。スンニ派同胞を赦しなさい。部族に対して優しくしなさい」。

こうしたアプローチが果たしてうまく行くかどうか、しばらく見てみなければわからない。モスルは伝統を重んじる保守的な街だが、ひどく宗教的な街ではない。したがってＩＳＩＳが地元との軋轢《あつれき》なしに支配を続けられるとは考え難い。

イラクのスンニ派地域へのＩＳＩＳの攻勢は急展開し、今のところ政府側から効果的な反撃の兆しは見られない。二〇一四年三月には、バグダッドの南西にあるシーア派が多数を占めるヒラで、爆発物を満載したミニヴァンが検問所に突っ込み、四五人が死亡、一五七人が負傷する自爆攻撃があった。このようにシーア派に対する殺戮攻撃は続いているが、治安当局は自爆用の車両に爆薬を積みこむ隠れ家を探し出すこともできないでいる。

ＩＳＩＳの目覚ましい復活の陰には、知られざる要因が他にあるかも知れない。あるイラク政府高官によると、二〇一二年から二〇一三年の段階において、ＩＳＩＳはトルコ軍情報部から多大な援助を受けて再浮上を果たしたという。トルコ軍情報部は、イラクに侵攻した米軍に対してゲリラ戦を挑んだ経験豊富な旧イラク軍の将校らをＩＳＩＳにつけた。中東での陰謀論がまた出てきたといって片づけられそうな話だが、スンニ派聖戦士運動の特徴とはまさに、外国情報機関に操作されやすいところにある。

イラクのベテラン国会議員のマームード・オスマン（スンニ派クルド人）は二〇一三年のイラクについて「この国の約半分は政府のコントロール外にあるのです」と語った。別の政治家は匿名を条件に、一〇〇万のイラク政府軍が聖戦士たちに立ち向かえない理由をこう語った。「腐敗の全てがそこに集約されているのです。金を払って（サラリーを得るために）軍に入っているのですよ。投資家なんです。兵士じゃありません」。厳しい言葉だが、真実である。そしてそれを証明するものこそ、ＩＳＩＳの広大な国土領有であり、何をさせても無能に見えるイラク政府軍のありさまなのだ。

第6章

聖戦士がハイジャック

Jihadis Hijack the Syria Uprising

二〇一三年八月〔二十一日〕、シリアの首都、ダマスカスの反政府勢力支配区域でサリンによる毒ガス攻撃〔犠牲者は米国の推定で一四二九人。国連が同年九月にまとめた報告書では、サリン攻撃をした者を特定していない〕行なわれた直後、わたしはアメリカのテレビ番組に、シリアで人権擁護活動を続ける女性弁護士のラザーン・ザイトゥーナとともに出演した。「人権侵害記録センター」の創始者でもある彼女は、反政府派が拠点を置くダマスカス市内東部、ドゥーマからスカイプを通じて参加した。

彼女はいったい何が起きたのかを力説した。完全に信じられる説得力ある説明だった。「こんなにたくさんの死体を見たのは、わたしの人生で初めてのことでした」と彼女は語った。ドアを破って入ると、家族全員が殺され死んでいたという人の話をした。毒ガス犠牲者を残り少ない医薬品で泣きながら治療しようとした医療センターの医師のことも語った。遺体は一度に一五人から二〇人ずつ、共同墓地に埋められた。

サリン攻撃の背後に実は反政府派がいるのではないか、という指摘に、彼女は侮蔑の言葉で切り返した。「あなたは、わたしたちが自分たちの子どもを殺すほどクレージーだと思っているのですか?」。

彼女は、刑務所に入れられた政治犯たちを十二年間、守り続けて来た。シリアの反政府派が決起後、数年間にわたり、多大な国際的な支援を受けたのも、信頼に足る彼女の貢献があったからだ。そんな彼女のドゥーマの事務所に、銃を持った男たちが押し入ったのは、その年の十二月八日のことだ。襲撃者たちは彼女と夫のワエル・ハマダ、そして二人の人権問題活動家、女性弁護士のサミーラ・アル・ハリルと詩人のナザン・アル・ハマディを連れ去った。以来、四人の消息は不明のままだ。

この誘拐の背後関係を疑われているのは「イスラム軍」〔ダマスカスのドゥーマなどを拠点とするスンニ派のシリア反政府武装組織〕だ。イスラム軍自体は誘拐への関与を否定している。このダマスカスの反政府勢力支配区域に拠点を置く武装組織は、JANと対抗させるべくサウジアラビアがつくったものだ。サミーラ弁護士の夫、ヤシン・アル・ハジ・サレーはオンライン紙の『アル・モニター』に対し、こう語った。「ラザーンもサミーラも、シリア全体をまとめてゆく非宗派の世俗的な運動に参加していた。それで専制支配に傾斜するイスラム主義の集団と衝突した」。

シリアではザイトゥーナ女史らの誘拐・行方不明と同じような事件が立て続けに並行して起きていた。人権活動家らがイスラム主義者によって殺されたり、脱出を余儀なくされていた。殺害や拷問、投獄などの犯罪行為を非難すると、報復が来た。革命とは最初に立ち上がった、人権を最も擁護する人びとを食い尽くすものであると言われるが、シリアの場合は、そのスピードと苛烈さにおいて格別だった。

それにしても、最初、専制者は世俗的で非宗派的な、法治のデモクラシー国家でとって代わられるべきだとしたシリアの反政府運動は、その目的実現に、なぜこうも完璧に失敗したのだろう？

シリアは悪夢のような宗派内戦に墜《お》ちてしまった。政府は自分の街を、まるで敵の領土のように空爆している。そして武装反政府勢力は、サラフィー主義聖戦士（サラフィー主義は、イスラムの初期（サラフ）への回帰を目指す運動）によって支配されている。サラフィーの聖戦士たちは、アラウィー派やクリスチャンを、ただ単にそれを信仰しているだけの理由で殺戮しているのだ。一般のシリア人はいま、大統領府と残酷な情報機関が権力を独占する暴力的な独裁を選ぶか、あるいはほんのささいなことを神に対する冒瀆だと言って、子どもたちの顔に銃弾を撃ち込んだり、斬首した兵士の写真を親に送りつけたりしている反政府派を選ぶか、という二者選択に迫られている。

シリアの現状は、一九七五年から九〇年まで十四年間にわたって内戦が続いたレバノンのようだ。シリア西部のホムスは、かつては多様性のなかで活気にあふれた街だったが、最近、訪ねてみると、砲撃や爆撃を浴びた建物はすべて放棄され、「幽霊街区」が続く街になっていた。倒壊を免れたコンクリートの壁は機関銃の銃弾で穴だらけになり、まるで巨大な害虫に食い荒らされたようなありさまだった。

シリアは検問所とバリケードと包囲戦の国になっていた。政府軍は反政府勢力の支配区を封印すると、爆撃で破壊している。この戦略は効果的だが、おかげでシリアは廃墟の広がりをジリジリ拡大している。

かつてこの国第一の都市だったアレッポも、ほとんどが無人の街区と化している。シリア政府軍は進撃しているが、戦線は伸びきってしまった。政府軍がシリア東部・北部地域を奪還することは、トルコが長い国境線を封鎖してくれない限り、あり得ない。

政府側が勝利しても、穏健派の反政府勢力以上に、聖戦グループの力を強めるだけだ。聖戦グループには、死んでも降伏しない強固な戦闘員の中核がある。アレッポでも、シリア政府軍は樽爆弾の投下に守られながら、前進している。政府地上軍の戦闘の相手は、アルカイダの下部組織であるJANか、カタールとトルコが援助する、サラファー主義のアーラル・アッシャムだ。政府軍は、ダマスカスの一部やホムスでの成功を繰り返そうとしている。反政府の拠点を封鎖して、相手が事実上の降伏である停戦協定に応じるまで攻撃を続ける作戦だ。

これに対し、アレッポの東部地区の反政府派の拠点は、より強固だ。反政府勢力の地盤に近く、トルコ国境にも近い。ここが政府軍の手に落ちると、それは反政府武装闘争の終わりの始まりになるかも知れない。それは反政府派への外国の支援者たちが起きないでほしいと願っていることでもある。

シリア革命が退廃した状態にあるのは、もとをただせばそれが、二〇一一年以前から存在していた、政治・宗教・経済における、この国の深い亀裂のなかから生まれて来たものだからだ。こうした亀裂が外国の介入で利用され、さらに悪化したことでいまの荒廃が起きた。

シリアで抗議の声が最初にあがったのは、チュニジア、エジプト、リビア、バーレーンで、「アラブの春」の反乱が起きたからである。抗議の声が広がったのは、シリアの治安部隊が平和デモに対して発砲したからだ。人びとは怒り、武装抵抗の炎が上がった。

アサド政権は「平和デモ」は見かけほど平和ではなく、早い段階から政府側に対する武力攻撃があったと主張している。この言い分にはいくらかの真実が含まれているが、かりに反政府勢力が、政府側を発砲という反応に追い込み、罠に落とし込んで自分の首を絞めさせることを狙っていたとしたら、それは成功を収めたといえる。

シリアは見かけほど、まとまりのある社会ではなかった。そしてその亀裂は宗派の間だけに走っていたのでなかった。二〇一一年七月、ブリュッセルにある非政府機関、「国際危機グループ（ICG）」は、報告書でこう指摘した。「シリアの政府当局は外国に支援された、イスラム主義の陰謀と戦っていると主張している。しかしその大部分は、彼らがもともとの政権の基盤としていた社会的な部分に対する戦いである。シリア政権が最初、権力の座についたとき、アサドの体制は、それまで打ち捨てられていた地方の人びと、貧農層、搾取にあっていた下層の人びとによって支えられていた。今の政権エリートは自分たちのルーツを忘れている」。

シリアでは二〇一一年以前、四年間、旱魃が続いた。国連によると、三〇〇万人にも達する農民たちが「極度の貧困」に突き落とされ、都市周辺のスラムに逃れて居つくようになった。中流階級の給与所得もインフレに追いつかず、主にトルコから安い輸入品が流れ込んで小規模な製造業を倒産に追い込んだ。都市部の勤労層の困窮にも拍車がかかった。シリアの国家権力は、腐敗と略奪を生業とするような治安当局を通じてのみ、国民生活とコンタクトをとるだけだった。ICGの報告書は「反乱の底にはイスラム主義の流れがある」ことを認めていたが、しかしそれが平和デモを軍事的な紛争に変異させた主たる動機ではなかった。

二〇一一年夏のこのICGの情勢分析と、その三年後のシリアの姿を比較してほしい。二〇一四年までにシリアの内戦は膠着状態に達し、武装反政府勢力はISISによって支配されるようになった。ISISと、アーラル・アッシャムやイスラム軍など他の聖戦グループの間に、イデオロギー的な違いはさほどない。他の聖戦グループもまた、シャリアに基づくスンニの神権国家の樹立を目指している。西側ではその宗教的な獰猛さが晒し者のように嫌われているが、これらシリアの聖戦士たちは地元の民衆にしばしば歓迎されてもいるのだ。西側に支援された自由シリア軍（FAS）の略奪と蛮行で乱れた法と秩序の回復を期待してのことだ。このFASという緩やかなアンブレラ組織に対しては、かつて一二〇〇の地元武装集団が名目的ながら忠誠を誓ったことがある。アフガニスタンで一九九〇年代、タリバンの鉄の支配が最初、地元の多くの人びとに歓迎されたのも、これと同じ理由からだ。

二〇一三年末の時点において、これらの武装反政府勢力が外国支援者に陰でどれだけ糸を引かれていたかを明らかにする証言がある。

アーファド・アル・ラスール旅団の司令官で、かつてFASのシリア東部地区の司令官でもあったサダム・アル・ジャマルの告白がそれである。ジャマルに対するインタビューは、彼がISISへ逃げ込んだあと行なわれたもので、アラビア語での証言は〔英国人のアナリスト、エリオット・ヒギンズ氏の〕「ブラウン・モーゼ・ブログ」によって英訳された。ジャマル証言はFSAの仲間のイスラムの教えに反する行為を非難して自分を庇《かば》っているところを除けば、信頼できるように思われる。

ジャマルはまるでそれが当然のことのように、彼自身の私兵集団、アーファド・アル・ラスール旅団が、実は湾岸の王政国家から資金を受けていたことを平気で語っていた。「シリア革命の初めのころ、帳簿を管理していたのはカタールです。しばらくして、サウジアラビアに代わりました」。

ジャマルによると、FSAの軍事評議の場にも、サウジアラビア、UAE、カタールの情報機関の代表が必ず参加していた。米英仏の情報機関当局者も同席していた。評議はトルコのアンカラで開かれたとみられる。

軍事評議の場で演説した、サウジアラビアの防衛副大臣のサルマン・ビン・スルタン王子（サウジアラビア情報部の長官をしていたバンダル・ビン・スルタン王子の異母弟）は、出席したシリア反政府武装勢力の指導者に対して「アサドの陣地を攻撃する計画のある者は、どれだけ武器、弾薬、資金が必要か言ってほしい」と語った。

こういう証言を聞くと、まるでアラブや西側情報機関によってシリアの反政府武装運動が仕切られているような気がする。この証言はまた、アサドを転覆する計画が劇的な失敗に終わったことを、その後、サウジアラビア側がどれだけ認識したのかを示すものかも知れない。スルタン王子もバンダル王子も、いまやその職を解かれているのである。

聖戦グループ間の内戦は、二〇一四年一月のＩＳＩＳの陣地に対する連係攻撃で始まったものだが、それは聖戦派のすべてにダメージを与え、評判を落とすものになった。アサドやシーア派と戦うものと思って外国からやってきた聖戦士たちは、自分と考えがまったく同じスンニ派の聖戦士を殺していることに気づいた。

ＩＳＩＳは自爆攻撃者を送って、アルカイダのシリア代表で「アーラル・アッシャム」のリーダーでもあったムハマド・アル・ムハイサニを殺害した。このことはアルカイダ・セントラルが、表向きは連係していないシリアの聖戦グループと、どれだけ関係を結んでいるかを証拠立てるものだ。

サウジアラビア、米国、ヨルダンが企てた反政府武装勢力による「南方戦線」の構築は、いまのところ失敗している。この「南方戦線」は、アサド政権とアルカイダの両方と戦うものだが、ヨルダンが目立ち過ぎるのを警戒していることもあって、まだできていない。

外国から来た聖戦士たちは、自分たちの帰還の道のりが簡単なものではないことに気づき出している。サウジアラビアやチュニジアのような国の政府は、彼らの出国の際は危険な狂信者を追い出せると喜んだものだ。それがこんどは戦闘経験を積んだサラフィー主義聖戦士となって帰ってくるわけで、彼らの帰国は考えただけでもぞっとする問題になっている。

シリア北部の街、ラッカで以前、チュニジアから来た戦闘志願者をなるべく早く帰国させようとしていたある活動家は、二の足を踏んでいる彼らに対して、チュニジアの海岸で女性がビキニ姿になっている写真を見せ、こういう猥らなふるまいを防ぐには、あなたがたような人がお国に帰って、厳格な存在としてにらみをきかすことがいま必要なことですよ、と言って励ましているほどだ。

シリアがいまやどれほどひどい黙示録的な暴力へ墜ちこんでいるかを示す物差しのひとつは、アルカイダのシリア下部組織であるＪＡＮがいまやＩＳＩＳよりも穏健と見られていることである。

ＩＳＩＳは二〇一四年の初め、戦線を縮小したが、これは戦術的な動きのようにみられる。イラク北部での攻勢に備えているのだ。ＩＳＩＳはすでにシリア東部からイラク西部にかけての広大な地域を確保しており、そこを足場に部隊を再編し、反撃作戦を練っているのである。

聖戦グループ間の内戦は、シリア政府を軍事的に一息つかせるものになった。しかし、政府側にはこの機に乗じて彼らを一掃できるだけの力はなかった。アサド政権は間もなく、イラクでの戦勝でさらに大胆になり、こんどはシリアで、とやる気満々のＩＳＩＳと対決することになるだろう。

シリアを理解する上で、外部世界および国内の反対派は二〇一一年以来、多くの失敗を重ねて来た。そのなかでおそらく最も重大な過ちは、アサド大統領もリビアのカダフィ同様、敗北し打倒されるはず、との思い込みである。反政府派武装勢力も外国の支援者も、カダフィを追い落としたのは主にＮＡＴＯの空爆だったことを忘れていた。ＮＡＴＯの介入がなければ、リビアの反政府武装勢力は数週間も持たなかったことだろう。

二〇一三年になると、アサドは弱いはずだという思い込みも懐疑的に受けとめられ出した。しかし、前年の二〇一二年段階では、アサドはどこの国を亡命先に選ぶだろうか、といった憶測が、外国政府筋や外国人ジャーナリストらの間でしきりに語られていたのである。アサドがシリア国内一四の県都をすべて押さえているにもかかわらず、そんなありさまだった。

いま、そうした県都のうちの一ヵ所、ユーフラテス川沿いのラッカが、ＩＳＩＳによって〔その首都として〕支配されている、しかし、シリア国内の主な人口集中地は依然として、アサド政権の手にある。

聖戦グループ以外の反政府派の過ちとはこうだ。それは、彼らの戦略はただひとつ、リビアのような状況を生みだし、そこから始める、という、それだけのものだったことだ。それが失敗に終わったとき、代わりの「プランＢ」は彼らの手元になかった。

アサドもまた、二〇一一年から二〇一二年にかけて、反政府派がそうだったように、手持ちのカードを過大評価していたかも知れない。しかしシリアをめぐる政治・軍事的な状況は、アサド側から見て格段にポジティブなものになっている。イラク政府軍、アサド支持派の民兵組織、ヒズボラなど同盟組織は、ダマスカス、レバノン国境に沿ったカラムーン山地、ホムス及びホムス県で支配を広げている。ただし、その支配拡大は緩慢なものでしかない。それは政府側にしっかりした戦闘部隊が不足しており、損害を避けなければならない実態を示すものだ。徴兵されて検問所にいる太り過ぎの兵士たちからは、戦闘心が伝わって来ない。

アサド政権は反乱側が占拠する区域を再奪取する代わりに、まず砲撃で一般住民を追い出し、反政府武装派の家族と貧しくて脱出もできない者だけにした上で、電気、水道を断ち、それから攻撃を開始するという戦術をとっている。

二〇一四年の初め、ダマスカスの北郊、アドラで、わたしはこんな場面を目撃した。JANの戦闘員たちが下水本管をくぐって、政府軍の前線の内側にある住宅棟に姿を現わし、アラウィー教徒やクリスチャンを殺戮したのだ。そんなときも政府軍側は反撃戦には向かわず、これまで通りの戦術を続けていたのだった。

その場での停戦もしばしばあった。しかし、別に降伏があったわけではなかった。バルゼーという街区に入ったとき、こんなことがあった。バルゼーの自由シリア軍（FAS）の戦闘員たちは武器を手放さずにいた。FASと停戦した反政府武装勢力の司令官はわたしに言った。「捕まった三五〇人の仲間が解放され、バルゼーから出て来るのを待っているのだが、いまのところ、三人が死体で戻ってきただけだ」。司令官は投げやりな口調でわたしに、「シリア軍情報部なら、三五〇人がどうなったかわかっているはず。知っている人がいたら紹介してくれ」と言ったものだ。

シリアの政治的な風景は、外側から眺めた以上に起伏に富んだものだ。たとえば二〇一四年二月、ダマスカス・ホムス道路沿いのナブクという町で、こんなことがあった。ナブクを奪還したシリア政府軍は、味方の民兵組織、国民防衛戦線（NDF）に警護をさせて、戦勝祝賀式を挙行しようとした。地元の人たちはわたしにこう教えてくれた。一週間前、最後の銃弾を撃ち尽くすまでアサドの軍隊と戦うと言っていた連中が、いまや全員、NDFに鞍替えしていると。

こうした内戦の複雑なパターンは、ホムスの町へと続き、さらに東へ、反政府武装派がクラク・

デ・シュバリエといった拠点の村々を失った国境地帯にかけて、繰り返しわたしの目に入ったものだ。

　ホムスの街自体はこれまでかなりの期間、シリア政府の支配下にあった。しかし、その北西にあるアル・ワエル地域だけは例外で、数十万のスンニ派難民がそこで暮らしていた。こうしたホムス県の状況は内戦当時のレバノンと驚くほど似ていた。たとえばクラク・デ・シュバリエ周辺では、トルクメン・スンニ・コミュニティーの隣にクリスチャンの村があった。レバノン国境に近いところでは、家々のドアの前に聖マリアの像が置いてあった。マロン派キリスト教の家だった。

　そこからさらに北へ旅する人は、政府軍の進出が先細りする姿を目の当たりにするだろう。このトルコ国境近接地帯こそ、反乱者たちが圧倒的な有利さを維持している場所なのだ。国境は開かれており、密輸は数え切れないほど行なわれている。商業的な密輸だけでなく、軍需物資も持ち込まれている。武装集団同士の戦いは主に、この国境の通過点を巡って行なわれて来た。戦闘員も武器もそこから持ち込むことができるし、そこを押さえればなにかと金になる。

　シリアの広大な国土は破壊されてしまった。たとえばダマスカスの北部全域は、まるであの「ナチス・ドイツの敗北へと流れを変えた」スターリングラードの写真を見ているようなものである。砲弾を浴びた建物は修繕の施しようもないまま放置されるか、ブルドーザーにかけられた。難民化した人びとは戻らない。帰る場所が何もないのだ。

アサド政権は和解のしるしとして、あまり多くのものを差し出していない。政府側はこんな言い方で済ませている。「すくなくともわれわれの方が、宗教や宗派が違うだけで人の首を刎ねるような向こう側の連中より、まだましではないか」と。

「向こう側」の連中はたしかにアラウィー派やクリスチャン、クルドその他の人びとを恐怖に陥れたが、それはアサド政権のために働くスンニ派の人でも同じことだ。政府反対派の全体としての大きな弱点は、内戦を宗派間の戦いの悪循環に行き着くところまで見逃し、それどころかそれを励ましさえしていることにある。反政府派クリスチャンの女性はヴェールの着用を強いられ、従わない者は死刑でもって脅された。シリアでの内戦が、これまでの地域紛争と違う重要なファクターは、「向こう側」からの死や拷問の脅しが、ますます恐ろしいものになっていることだ。そんな残虐行為の事例の数々を、それこそ無数にインターネットで見ているので、そうなっている。自分たちの敵の姿を、ネットの「首刎ねビデオ《スニフ・ムーヴィー》」を通じて知る人びとにとって、和解しようというムードにはなかなかなれないものである。

それでは、こうした状況のすべてに、どうしたら決着をつけることができるか?

反政府派の武装を強化すれば、アサドもいずれ和平を言い出し、亡命を口にするかもしれない

――という考えもあるが、これは戦場での情勢が完璧に変わった上でのことである。これが少しでも起きるとすれば、それは今後、数年にわたり戦闘を続けたあとのことだ。そしてそれは、ロシアやイラン、ヒズボラといった同盟者たちが、シリアの盟友の敗北をすすんで見たいと思ったときのことである。

シリアの反政府運動がいまや、ＩＳＩＳをはじめＪＡＮ、その他のアルカイダ型グループによって支配されていることを考えれば、ワシントン、ロンドン、リヤドでさえ、アサド政権の崩壊を望んでいるとは言えないようだ。

しかし、内戦でアサドにみすみす勝たせては、西側やアラブ、トルコの同盟者たちの敗北になってしまう。これについて、シリアの元閣僚はこう言ったものだ。「あまりに高く木に登りすぎたんだよ。そしてアサドを倒せ、政治を変えろと言ってしまったんだ」。

あり得ないことだと知りながら、和平の前提としてアサドに権力の座を明け渡すよう要求することは、実際問題としては、反政府派に戦争の続行を保障するようなものである。

他方、アサドは平和な和解そのものを望んでいないかも知れない。そうだとすると彼は誰からも和解案をもらえなくなる。

内戦は終えることができないとして、せめてシリア民衆へのインパクトだけでも軽減できないいものか？

いま現在の暴力の高まり具合からすると、そのための交渉は初めから、壁に突き当たることになるだろう。北アイルランド紛争でかつて言われた〈おたがい、これが最後のテロだと言って、自分の方から止めない〉「最後の残虐の政治学」によって、話し合いはすぐさま暗礁に乗り上げることになるだろう。憎悪と恐怖が強すぎて、誰も自分の方から譲歩するリスクを背負わないのだ。

それよりも問題なのは、そもそもＪＡＮやＩＳＩＳに誰かと交渉する気があるのか、ということである。最近までの経過を振り返ると、答えはハッキリ、「交渉する気ははじめからない」である。

しかし、二〇一四年五月に、こんなことがあった。生き残った二二〇〇人の反政府の戦闘員が、最後まで戦わず、〈停戦交渉をまとめ〉ホムスの旧市街から、武器を持って撤退したのだ。アレッポ郊外のシーア派住民の町、ヌブルとザフラーでは、攻撃中の反政府武装勢力が、町への食糧の運び込みを許している。こうした現場での交渉合意と休戦は、戦《いくさ》疲れで今後ますますあり得ることだろう。しかし一時的なもの以上のものにはなりそうもない。ただし、ベイルートの観測筋が言うように、「あの激しいレバノン内戦でも、六〇〇回以上の停戦が行なわれたのだ。停戦合意は常に壊れやすく、人びとの嘲笑の的になったが、それが多くの命を救ったことも事実である」――のだ。

現行のシリア危機は、五つの戦いが、互いに感染し合い、悪化し合って続いている。シリア内戦は当初、残酷で腐敗した独裁政権に対する純粋な民衆蜂起として始まった。間もなくスンニ派対アラウィー派の戦いが絡み、地域全体を包むシーア・スンニ派間の戦火に油を注ぐようになった。背景では、米国、サウジアラビア、スンニ派諸国と、イラク、イラン、レバノン・シーア派が対峙し、これにモスクワ対西側の新たな冷戦が加わった。この新たな東西対決はリビア内戦で悪化し、最近ではウクライナの危機でなお一層、深刻化している。

シリア内戦はいまや、四百年前のドイツで起きた「三十年戦争」〔プロテスタントとカトリックの宗派対立を軸に、ヨーロッパの諸民族・国家を巻き込んで続いた〕の中東版の様相を強めている。あまりにも多くの当時者が、さまざまな理由で、戦い続けているのだ。すべての当事者が満足できる和平条件はないし、武器を同時に捨てることもないのに、戦っている。勝てると思っている者もまだいる。それ以外は負けたくないだけで戦っている。シリアは一六一八年から四八年のドイツのように、すべての陣営が自分の力を誇張し、戦場での束の間の勝利が全面勝利につながるものと夢みている。

しかしシリア人の多くは、内戦の結果がどうなるかは主に米・露・サウジアラビア・イラン次第だと見ている。この見方は、おそらく正しい。

第７章

サウジアラビアの後ずさり

Saudi Arabia Tries to Pull Back

背筋が凍りつく五分間の動画だった。ＩＳＩＳが流したビデオには、戦闘員たちが三台の大型トラックを停めるところが写っていた。場所はおそらく、シリアとイラクをつなぐ幹線道路。毛むくじゃらなひげ面の男がトラック運転手たちを立たせ、ＩＤカードを検査し出した。不安そうな運転手たち。

「お前らは三人ともシーアだな」と、ひげ面の男は威嚇するように言った。

「違います、みんなホムスから来たスンニです」と、運転手のひとりが小さな声で言った。もうすでにあきらめたような口ぶりだった。「あなたがたの勝利に、アラーの神のご加護があらんことを」。

「命だけは助けてください」と、もうひとりの運転手が言った。「稼ぎに来ただけですから」。ＩＳＩＳの戦闘員は、運転手たちがほんとうにスンニ派なのか、口頭試問を始めた。「夜明けの祈りでは、何回跪くか?」。運転手たちの答えは、まちまちだった。「三回」、「五回」。

「アラウィーはシリアの名誉に対して何を為しているか?」。修辞学のような戦闘員の試問だった。周りに、ほかの戦闘員たちも集まり出した。「アラウィーは女をレイプしているんだよ。イスラムの同胞を殺しているんだ。お前らの答え方からすると、お前らは多神教徒だな」。三人の運転手は脇道につれて行かれた。射撃音が響き、運転手たちは銃殺された。

シリアやイラクの反政府武装勢力は、サラフィー主義の聖戦士で占められるようになった。聖戦に自らを捧げるイスラム原理主義の戦闘員たちだ。ダマスカス・バグダッド道路で非スンニ派のトラック運転手たちを殺害した者たちも、彼らの一員に過ぎない。西側の政府にとっては、シリアやイラク、あるいはパキスタンで、どれほどシーア派が殺されようと、どうでもいいことかも知れない。しかし今一度、確認しておくべきことがある。それはビンラディンのアルカイダに似たこのスンニ派の新たな運動が、「9・11」以前、ビンラディンがアフガニスタンでタリバンに従いながら、イラクやシリアで活動していたころと比べ、非常に大きなものに発展している事実である。

一応、世俗的とされる自由シリア軍（FSA）が、西側の支援を受け、アサド政権の打倒を目指し、戦い続けている――そんな虚構がついに消え去ったのは、二〇一三年十二月、聖戦士たちがFSAの武器集積所を襲い、司令官たちを殺したときだ。

聖戦士たちがシリアの反政府武装派の主流に躍り出た背景には、サウジアラビアの中心的関与があった。サウジアラビアはその年、二〇一三年の夏、カタールに代わって、シリアの反政府武装派に対する最大の資金提供者になっていた。サウジアラビアはそのとき、たしかに資金援助を増額したが、一回かぎりのものではなかった。自分の国から最も多く戦闘員が入り込んでいることもあって、シリアにはそれまでも長く関与していた。

サウジアラビアの聖職者たちはアサド政権に対する武闘を、個人の志願者にも自国政府に対しても熱烈に呼びかけていた。ワッハービズムは、厳格な字義解釈にこだわるサウジアラビア独特のイスラム宗派である。サウジアラビアでは教育も裁判も、このワッハービズムで独占的に行なわれているのだ。アルカイダあるいは中東のサラフィーの聖戦士たちの信仰も、これとあまり違わないものである。

このワッハービズムは、非イスラムはもちろん、自分以外のイスラム宗派をすべて認めていない。とくにシーア派などは異教扱いだ。それは宗教改革下のヨーロッパで、ローマ・カトリックがプロテスタントをひどく嫌い、滅ぼそうとしたことに似ている。

こうした〔スンニ派に含まれる〕ワッハービズムの資金力にものを言わせたプロパガンダが、スンニ派とシーア派の闘いを激しく、暴力的なものへと深化させたことも疑いない。欧州議会の対外政策総局が二〇一三年に出した報告書、『世界の反乱グループに対する支援、武器供与面でのサラフィー主義およびワッハービズムの関与』によると、「サウジアラビアは一九八〇年代以来、反乱・テロリスト組織に対する主たる資金源であり続けている」という。報告書はさらに、サウジアラビアはワッハービズムの推進のため、なんと一〇〇億ドルを支出していると指摘し、それによって「教化された聖戦士の数」は今後、増加するだろうと予測していたのである。

サウジアラビアの反シーア派のスタンスは、一八世紀以来のサウジアラビア王家とワッハービズムの一体化にその起源をたどることができる。この聖戦運動が国際政治の舞台に一気に躍り出たのは、ソ連のアフガニスタン侵攻とイラン革命が起きた一九七九年のことだ。イランはそのとき、ホメイニ師によってシーア派の神権国家になった。

こうして一九八〇年代に、サウジアラビアとパキスタン（より正しくはパキスタン軍部）、そして米国による同盟が生まれる。これが驚くべき持続力を持つものであったことは、すでに証明済みのことだ。この同盟は、米国のこの地域における圧倒的な影響力を支える主柱になったものだが、それは同時に聖戦運動を育てる陰謀の種子をばら撒きもした。ビンラディンのアルカイダはそこから芽吹いた、ひとつの流れに過ぎない。

そして「9・11」の同時多発テロが、米国に新たな真珠湾ショックをもたらした。米国の人びとは嫌悪し恐怖におののいた。それが事前に準備されていたネオコン（米国の新保守主義者。共和党タカ派のイデオローグとなった）による政策課題を実現し、サダム・フセインをターゲットとしてイラクに侵攻する世論操作を可能とした。アルカイダ容疑者への水責め拷問も、イラクの事件関与を引き出すためで、サウジアラビアの関与を明らかにするものではなかった。

「9・11」事件に関する独立調査委員会の報告書は、サウジアラビアをアルカイダの主資金源と特定した。しかし、それに関する何のアクションもなかった。同時多発テロから六年後、イラクでの戦闘が激化していた二〇〇七年、テロ資金の監視とその妨害を担当する米財務省のスチュアート・レヴィイ次官が米ABC放送のニュース番組に登場し、アルカイダについて、こう語った。「わたしにもし、指をパチンと鳴らして、どこかの国の資金提供を断つ力があれば、やってみたいのはサウジアラビアですね」と。

次官はさらに、米国や国連がテロ資金提供者だと特定した者をサウジアラビア政府はひとりも訴追していないと付け加えたのである。

協力を拒否するサウジアラビアに対する米政府上層部の苛立ちは、その後の二年間、和らぐことはなかった。すでに述べたように、二〇〇九年十二月、ウィキリークスはヒラリー・クリントン国務長官の秘密電を暴露しているが、そこにはこう書かれていた。「サウジアラビアはアルカイダやタリバン、Ｌｅｔ（パキスタンの「ラシュカレ・タイバ」〔パンジャブなどで活動するスンニ派過激組織〕）、その他テロリスト集団の重要な資金援助基地であり続けている」と。

彼女はまた、サウジアラビアのアルカイダ対策は国内の脅威に対するもので、国外での活動に対するものではないと不満を述べてもいた。

漏洩した米国務省の機密電でより重大なポイントは、サウジアラビアがシーア派との対決を優先事項と見ていたとの指摘があったことだ。パラノイア〔被害妄想〕がそこに、あった。

サウジアラビアにとってパキスタンは最も重要なスンニ派イスラムの同盟者である。その関係について、サウジアラビアの外交高官は「われわれはパキスタンでオブザーバーをしているのではない。われわれは参加者なのだ」と語った。アフガニスタンのタリバン政権にしても、「9・11」以前、正式承認していたのは、サウジアラビアとパキスタン、UAEだけだ。

シーア派の拡大を恐れるサウジアラビアの恐怖心には、ヒステリーのような誇大な面がある。シーア派は一握りの国で強いだけだ。多数派を占めるか、少数派であっても層が厚い国だけでのことである。全世界五七のイスラム国家のうち、シーア派が多数を占めているのは四ヵ国だけだ。

サウジアラビアはパキスタンのザウダリ大統領（二〇一三年九月に退任）に強い疑念を持ち、軍部独裁政治を望んでいた。これについて、UAEのアブドラ・ザーイド外相は米政府にこう語った。「サウジアラビアはザウダリがシーア派ではないかと疑っている。仮にそうだとすると、イランとマリキのイラク、ザウダリのパキスタンで、シーア派のトライアングルができ上がることになる」。

シーア派を異教徒だとするサウジアラビアの宗派的敵意は、イランに対する恐怖と嫌悪とが結びついたものだ。だからサウジアラビアのアブドラ国王は米国にイランを攻撃し、「蛇の首を刎ねる」よう迫り続けていたのである。イラクのシーア派多数派を押し返すのも、サウジアラビアのもうひとつの優先事項だ。イラクでのスンニ派聖戦士による反政府活動にサウジアラビア人の多くが共感を示したのも、このためである。

シーア派政府によるイラクの乗っ取り――それはアラブ世界では、サラディンが一一七一年、エジプトのファーティマ朝〔シーア派の一派〕を転覆させて以来の乗っ取り事件だった――は、リヤドをはじめとするスンニ派の国々の首都に、重大な警戒警報を響かせた。スンニ派の国家指導者たちは、この歴史的な敗北の流れを逆転させようと思った。イラク政府も二〇〇九年になって、その警戒警報に気づいた。サウジアラビアの聖職者がこの年、シーア派を殺すよう布告を出したとき、スンニ派の諸政府は「疑わしいほどの沈黙」を守った。勅令を非難するものはなかった。

二〇一一年の「アラブの春」の反乱は、宗派間の敵対を激化するものになった。サウジアラビア政府も東部州にいるシーア派の少数派の動きを強い警戒心で見るようになった。その年、二〇一一年三月、バーレーンのハリーファ王家が、この島国のシーア多数派住民によるデモクラシー要求デモを鎮圧した際、それに手を貸したのは、一五〇〇人のサウジアラビア軍部隊だった。この公然たる宗派弾圧は、バーレーンのシーア派寺院がブルドーザーにかけられたことで、誰の目にも明らかだ。

シリアでサウジアラビアは、アサド政権の権力維持能力と、ロシア、イラン、レバノン・ヒズボラからの援助を見くびっていた。しかしカタール、トルコと連係したサウジアラビアの関与は、世俗的なデモクラシーを求めた変革という、「アラブの春」の反乱のイデオロギー的な特徴を弱めるものとなった。シリアの反政府運動はサラフィー聖戦士の旅団を革命の刃として利用する、スンニ派覇権の樹立を目指した戦いとなった。アラウィー派やその他の少数派が死ぬまで戦うしか道はないと思うようになったのも、予想通りだった。

ワシントンがサウジアラビアおよび湾岸のスンニ派王国による、シリア聖戦武装勢力の司令官への武器・資金供与に対し、心底から怒りを覚えている事実が透けて見え始めたのは、このあとのことだ。米国はサウジアラビアなどの支援が続くことで、一九八〇年代のアフガニスタンの二の舞になることを恐れた。サウジアラビアによる武装勢力に対する無差別支援が、アルカイダやタリバン、その他聖戦グループの登場を招いた。

米国の情報機関のトップ、ジェームズ・クラッパー国家情報長官は、シリアに入った外国人聖戦士の数を七〇〇〇人と評価した。そのほとんどがアラブ世界からの聖戦士だった。

ジョン・ケリー米国防長官は、二〇一二年以来、サウジアラビア情報機関の長官を務めて来た元駐米大使のバンダル王子を内々、批判していた。王子はアサド体制転覆キャンペーンの黒幕だった。これに対しバンダル王子はオバマ大統領を、アサドがシリア民衆に対し化学兵器を使っているのに軍事介入しないと言って非難した。

しかしサウジアラビア自身も、自分たちがシリア参戦を許した自国の聖戦士たちが帰国し、王国の支配者に対して銃口を向けるのではないかと懸念し出した。二〇一四年の二月から三月にかけ、急激な政策転換を行なわれた。サウジアラビア政府がシリアに向け出国しようとする自国の聖戦士に待ったをかけ、サウジアラビア国内にいる外国の聖戦士たちには国外退去を迫り出したのだ。アブドラ国王は外国で戦うことを犯罪とする勅令を発した。聖戦集団の組織化、資金・武器供与を監督していたバンダル王子は突然、解職され、モハムド・ビン・ナイフ内相に取って代わられた。ナイフ内相は米国と良好な関係を持っており、アラビア半島におけるアルカイダ退治の功績で知られる人物だ。

サウジアラビア国家警備隊の隊長を務めるアブドラ国王の子息、ミテブ王子もまた、新たな対シリア政策策定を担う一人だ。他と一線を画するサウジアラビアの姿は、二〇一四年三月、バーレーン、UAEとともにカタールから自国大使を引き揚げたことでより明確になった。これは主に、カタールがエジプトのムスリム同胞団〔スンニ派〕を支援していることに対する反発によるものだが、シリアでコントロールの手の及ばない聖戦集団に対してカタールが資金・武器供与を続けていることを問題視したものでもあった。

米財務省のデイヴィッド・コーエン対テロ資金情報担当次官も同年三月、サウジアラビアがアルカイダに対する国内資金源つぶしに成果を上げていると称賛する一方、しかし他の聖戦集団は依然としてサウジアラビア国内の献金源へのアクセスを維持していると警告した。コーエン次官はまた、湾岸の王国でサウジアラビアだけが聖戦士たちを支援しているのではないと語り、「われわれの同盟国のクウェートは、シリアのテロ集団のための資金集めの震源になっている」と厳しく批判した。次官はさらにクウェートで、法相兼〔イスラム復興を目指す大衆運動組織〕「イスラム公共基金〔アウカフ〕」・イスラム問題担当相にアル・アジミという人物が就いた任命人事を特に取り上げ、「アル・アジミにはシリアで聖戦集団をプロモートした前歴がある。彼の写真が、ヌスラ戦線への有力な資金提供者として資金集めのポスターに載った事実もある」と警告した。米国からの圧力で、アル・アジミは結局、辞任を余儀なくされた。

サウジアラビアにとって、シリアの聖戦集団支援の政策転換は、どうやら遅すぎた決断だったようだ。聖戦士たちはネットのソーシャル・メディアを通じ、今や公然とサウジアラビア王家を攻撃するようになった。アブドラ国王がブッシュ大統領から勲章を授与される写真には、「イスラム国二ヵ国への侵攻に寄与しての勲章」との辛辣な写真説明がつけられ、ネットで流れた。

もう一枚のツイッター写真は、覆面をした武装戦闘員がトラックの荷台の後ろでポーズをとっているものだ。写真説明にはこうあった。「かくして神の意志により、われわれはアラビア半島に侵攻するだろう。今日のレヴァントは、明日のアル・クラヤト、アラル〔ふたつともサウジアラビア北部の町〕である」。

シーア派の指導者たちが、サウジアラビアの政策Uターンを疑いの目で見ているのは確かなことだ。ロンドンの「アカデミック・シーア研究センター」のユーシフ・アル・ホエイはこう語っている。「最近、サウジアラビアが出した自爆攻撃を非合法化する勅令は、ポジティブな一歩である。しかし、サウジアラビアではいまも、シーア派やスーフィー教徒、クリスチャン、ユダヤ教徒などの宗派や宗教を悪魔視する学校教育を続けている。教育のシステムを改革する真剣な努力が必要だ。人工衛星をたくさん使って、憎悪の説教を衛星放送していることも止めなければならない。ネットのソーシャル・メディアでの、憎悪の説教者の悪乗りも許してはならない」。

シーア派の指導者たちは、サウジアラビア聖職者が発している布告の多くが、シーア派をイスラムではないとして攻撃するものだと具体例を挙げ、指摘している。布告はたとえば、こんな具合だ。「シーアとスンニが近いものだと言うのは、イスラム教とキリスト教が近いと言うに等しい」。

ワッハービズムの信奉者は、キリスト教会を偶像崇拝と多神教の場と見なしている。キリストとマリアの肖像画や十字架を使用しているからだ。クリスチャンは唯一の神を崇拝していないというのである。こうした見方はサウジアラビアに限ったことではない。バーレーンでは、七一人のスンニ派聖職者が政府に対し、キリスト教会の建設許可を取り消すよう求めた。バーレーンのハリーファ王家が二〇一一年、多数派であるシーア派のデモクラシー要求運動を潰したとき、治安部隊が最初にしたのは、シーア派のモスク、シーア派聖人の廟の破壊だった。正式の建設許可を得たものではない、というのが表向きの理由だった。

主流イスラム・スンニ派の「ワッハービズム化」は、わたしたちの時代の最も危険な流れのひとつだ。イラク人の歴史家でイスラム宗派問題の世界的な権威であるアリ・アラウィーは、スンニ派コミュニティーはさまざまな国々で「聖典に書かれていないワッハービズムの特徴を取り入れるようになった」と指摘している。

こうしたワッハービズムの勢力拡大の背後にある決定的な要因はサウジアラビアの資金と政治力である。アラウィー博士はこんな例を挙げて説明する。たとえば、敬虔なイスラム信者がバングラデシュに修道院を建てようとするとき、二万ポンドの資金援助を引き出せる国はサウジアラビアだけ。その彼がもし、ワッハービズムに反対するなら、「限られた資金で苦闘しなければならない」と言うのだ。こうした結果がシーア派を非イスラムとして攻撃のターゲットに据え、非イスラムの人びと全員を追い立てる宗派的敵対を招いている。イラクやシリアでも、ほぼ二千年にわたりクリスチャンが暮らしてきたが今や、もぬけの殻だ。

アラウィー博士が言うには、マレーシアやエジプトのシーア・マイノリティーの小集団が、これまでスンニの多数派に白い目で見られることはなかったと思うのはナイーブ過ぎるが、そんな過去の時代と違って、いまや彼らは追放され迫害される事態に直面しているのだ。シーア派の多くは、「一九三五年のドイツに生きたユダヤ人のように」破滅の運命が迫っていることを膚で感じて暮らしている、と博士は言った。ヨーロッパで時代を通じて続いて来た反ユダヤのプロパガンダのように、シーア派は悪魔視され、近親相姦の儀式をしていると思われている。カイロ近郊の村では二〇一三年、シーアの男性四人が自分たちの家で、いつもの宗教儀式を行なっていたところを暴徒に襲われ、殺害される事件があった。

「ワッハーブの信者たちは、過去千四百年続いて来たイスラムの教えのすべてを無視しようとしているのです」と、アラウィー博士は語った。アルカイダ型の聖戦運動のイデオロギーが、ワッハービズムとまったく同じなわけではない。しかし、極端に走るという点では似通っている。だから、〔祈り以外のときも〕拍手は禁じるべきか、女性はブラジャーをつけるべきか、といった奇怪な議論が起きているのだ。ナイジェリアの武装過激派のボコ・ハラムと同じように、イラクやシリアの戦闘員たちは、女性を戦利品として奴隷化するのに何の宗教的な制約も感じていない。

アサド体制の転覆を狙って戦うそんな聖戦士たちに援助を与えすぎたのではないか——サウジアラビアの支配者たちがそう後悔しているらしい徴候は、いろいろある。たとえばサウジアラビア政府は二〇一四年の初め、イランの外相を王国に招いた。しかし、どうやら遅すぎたようだ。サウジアラビア政府はアサドがシリアのすべての悪の根源だと自国の聖戦士たちにさんざん吹き込んで来たのだ。

サウジアラビア出身の聖戦士たちは、もしも彼らの帰国が投獄でもって迎えられるのであれば、それを裏切りと偽善の象徴とみるのはたしかなことだ。

第8章

血が流れればニュース

If It Bleeds It Leads

過去十二年間にアフガニスタン、イラク、リビア、シリアで、四つの戦争が戦われた。そのすべてにおいて、引き裂かれた当事国に対し、外国の干渉は陰に陽に続いた。西側の関与は対立を深めるだけで、敵対する者を内戦へと追いやった。どの国でも、政府に反対する勢力の少なくとも一部は、筋金入り《ハード・コア》の聖戦士たちだった。

介入は常に人道的なものであり、独裁者や警察国家に対して立ち上がった民衆を支援するものと、政治家たちによって描き出された。明らかな軍事的な勝利があったにもかかわらず、地元の反政府勢力とその支持者たちは自分たちの権力を固め、安定した国家をつくることはなかった。

四つの戦争には、もうひとつの共通性があった。それは武装闘争以上にプロパガンダの戦争であったということだ。新聞やテレビ、ラジオのジャーナリストたちが、プロパガンダ戦争の中心的な役割を果たした。どの戦争も、報道された「ニュース」と、本当に起きた「現実」の間には落差があるものだが、この四つの戦争で外部世界の人びとは、ほんとうの勝者と敗者を見間違うほど誤った考えを持たされた。

二〇〇一年のアフガニスタンからの報道は、実際は戦闘そのものがほとんどなかったにもかかわらず、タリバンが決定的な敗北を喫したとの印象を植え付けるものだった。二〇〇三年には、サダム・フセインのイラク政府軍が精鋭の特別共和国防衛隊を含め、壊滅したと報じられ、誰もがそう信じた。サダムの軍隊は自ら崩れ、兵士たちが家へ戻っただけのことだった。二〇一一年のリビアでは、反乱に立ち上がった戦闘員がトラックの荷台から重機関銃をぶっ放す姿が繰り返しテレビで映し出された。しかしカダフィの追い落としに彼らが果たした役割は限られたものだった。ＮＡＴＯの空爆がカダフィを権力の座から引きずり降ろしたのである。

シリアでもそうだ。二〇一一年から一二年にかけ、外国指導者やジャーナリストは、アサドの敗北は目の前に迫っていると、空しくも繰り返し予言していたものだ。

こうした誤った考えが吹き込まれたからこそ、こんなにも多くの驚きが、予想外の逆転が、生まれているのだ。タリバンは二〇〇六年に再び立ち上がった。外部世界が想像しているほど、完璧には負けていなかったのだ。

わたしの経験では二〇〇一年の末、カブールからカンダハルまで、緊張しながらも安全に車を運転して行くことができた。しかし二〇一一年に車で同じルートをたどろうとしたときは違っていた。カブールから南に出たすぐのところにある最後の警察ステーションから先に進むことはできなかった。

リビアの首都、トリポリのホテルは二年間、カダフィ政権の崩壊と反カダフィ武装勢力の勝利を報じるジャーナリストたちで満杯だった。しかしリビアの新政府は、ホテルの再開さえできないでいる。二〇一三年の夏、リビアの石油輸出がほとんど止まった。武装勢力のなかで戦闘員の反乱が起き、地中海沿いの港が占拠されたからだ。ゼイダン首相（二〇一二年十一月から二〇一四年三月まで在任）は戦闘員たちがブラック・マーケットで石油を売るのに使っていたタンカーを「空からも海からも」爆撃すると威嚇した。間もなく、ゼイダン自身がリビアを逃げ出す羽目になった。

リビアが無政府状態に陥ったことは、国際メディアによってほとんど報じられなかった。国際メディアはリビアを離れてシリアに向かい、最近はエジプトに移動した。イラクには、ほんの数年前まで外国報道機関の支局が林立していたものだが、いまやメディアが報じる世界地図のなかから脱落してしまった。イラクではいまなお毎月、一〇〇〇人もの人びとが殺されているのだ。そしてその犠牲の大半は民間人をターゲットにした爆弾攻撃によるものである。それなのに報道されていない。

バグダッドでは、一月に数日間、雨が降る。下水道は七〇億ドルかけて復旧したはずなのに、その程度の雨であふれ返るのだ。街路のなかには膝まで、汚水に浸かるところが出るありさまだ。シリアでは自分たちのコミュニティーを守るため、英雄的に戦った反政府派戦士の多くが、支配地の権力をつかむや否や、天下御免のライセンスを持った公認追いはぎとギャングに早変わりしているのである。

レポーターたちはしかし、自分が見たことを間違って伝えているわけではない。ジャーナリストたちが自分ではめったに使わない「戦争リポーター」という言葉のなかに、何がほんとうの間違いの元なのかを解く鍵が潜んでいる。そのマッチョな響きはさておき、この「戦争リポーター」には、軍事的な戦闘に着目すれば、それだけで「戦争」を十分描き切れる、という誤った印象を与えるものがある。不正規戦、あるいはゲリラ戦もまた、常に政治的な思惑のからむものなのだ。とくに「9・11」から始まった不可解な内戦の断続的な発生においては、これまでになくこの傾向が強い。

これはもちろん、戦場で起きたことに意味がない、ということではない。それをどう解釈するかが求められているのだ。

二〇〇三年、〔イラク戦争下の〕バクダッドの北の幹線道路で、イラク軍の戦車の列が米軍の空襲で破壊され、炎に包まれるシーンがテレビに映し出された。砂漠が背景になければ、視聴者は一九四四年のノルマンディー戦で敗北したドイツの戦車の映像かと思ったかも知れない。わたしは破壊されたイラク軍戦車によじのぼり、なかを覗いて見た。そして、それらの戦車が、米軍が攻撃するはるか前に遺棄されていたことを、この目で確認した。

この事実の何が重要かと言えば、イラク政府軍兵士は戦ってサダムのために死ぬ準備ができていなかったことだ。同時にまたそれは、イラク占領の行方を占うものでもあった。イラク軍兵士は、自分たちが戦って負けたと思っていなかったから、サダム後のイラクでも当然軍務につけるものと期待していた。

だから米国がイラク軍を解体したとき、彼らは怒ったのだ。訓練の行き届いたイラク軍の将校たちは洪水のように抵抗運動に走った。それはイラク占領米軍に破壊的な結果を及ぼすものとなった。一年後、米軍はイラクのほんの一部を島のように守る状況に追い込まれていた。

「戦争をリポートする」ことはある意味で、容易なことだと言える。状況展開のドラマはそのまま物語になり、人びとを引き付けるからだ。それは危険を伴うことだが、爆発する砲弾のなかに立ち、あるいは炎上する軍の車両を背に、カメラに向かって語る特派員は、そのリポートがニュース番組のなかで特別扱いされることを心得ているのだ。

「血が流れれば、トップをとれる」とは、アメリカのメディアの昔からの格言である。戦闘のドラマは必ず他を圧倒するニュースになる。しかし、出来事の一部を報じるだけでは、単純化のし過ぎに陥ってしまう。アフガニスタンやイラクの報道ではとくに、こうした過度の単純化がまかり通り、人を欺くものとなった。政治のプロパガンダと一体化し、最初はタリバンを、次にサダム・フセインを、邪悪の化身として悪魔化して見せたのである。

複雑な内戦を白と黒に色分けし、正義と悪の闘いとして描き出した。それは「9・11」後、ヒステリー的雰囲気にあった米国において、容易に受け入れられることだった。これらの国の反政府派というものが、どれだけ機能不全に陥り不十分さを曝け出すものなのかには、はじめから目が向けられなかった。

イラクやアフガニスタンの内戦の複雑さは二〇一一年までに、遠くのロンドンやニューヨークにいるエディターはともかく、バグダッドやカブールにいる特派員たちの知るところとなった。しかしリビアやシリアでの「戦争報道」は、迫力においては変わらないが、これまでとは違ったナイーブさに満ちたものとなった。一九六八年のフランス五月革命のような希望に満ちた雰囲気が全体を包み込んだ。「アラブの春」に先立った敵意は突然、過去のものとして忘れ去られた。すばらしき新世界《ブレイブ・ニュー・ワールド》が熱狂的な速度で目の前に生まれつつあった。コメンテーターたちは、楽観的な見方を示した。衛星放送とインターネットの時代にあっては、旧時代の弾圧――検閲、投獄、拷問、処刑――では、もはや警察国家を維持することはできないし、むしろ逆効果になる。政府による情報やコミュニケーションのコントロールもブログや携帯電話で覆されたではないか。ユーチューブは、治安部隊の犯罪や暴力を生々しく即座に流し、暴き出す武器になった――と。

しかし二〇一一年三月、バーレーンでの大量逮捕と拷問は、民主化運動を難なく潰してしまった。情報テクノロジーの革新は反政府派に有利な方向へ、少しは確率を変化させたかも知れないが、二〇一三年七月三日のエジプトでの軍部クーデターが明らかにしたように、反革命を防ぐには不十分なものでしかなかった。

最初、街頭デモが成功したことで、過剰な自信と、即興的なアクションに対する過度の依存が生まれた。指導部、組織、統一、政策の必要性は、漠然とした人道的な課題を上回るものだが、そのすべてが路傍に追いやられ、見過ごされることになった。

歴史は——自国の歴史さえも、この時代の若者世代の急進分子や革命家の卵たちに、何も教えていなかったのである。彼らはナセルが一九五二年のエジプト革命で権力を奪取した際の史実から何の教訓も引き出していなかった。あるいは二〇一一年の「アラブの春」が、ヨーロッパの一八四八年革命と似たところがあるかも知れないと自問することもなかった。容易な勝利は、速やかに逆転され得るものだという教訓を学ばなかったのである。リビアやシリアのインテリゲンチアの多くは、インターネットの共鳴室のなかに生き、そこで考えただけだった。前進のためのアイデアを表明する者はほとんどいなかった。

あらゆる悪の根は毒にまみれた政権側にある——これが反政府派の人びとがとる立場だ。しかし、そうした内なるプロパガンダを信じ切るのは危険なことである。イラクの反政府派は、イラクの宗派的、民族的問題はサダムがつくったもので、彼さえ消えればすべてがうまく行くと純粋に信じていた。リビアやシリアの反政府派も、カダフィやアサドの体制は誰の目にもひどいものなのだから、彼らがいなくなったあとに来るものがよりマシなものなのかどうか、質問すること自体、革命の流れに水をさすものだと考えていた。西側のジャーナリストも全体的に、こうした考えを持ち合わせていた。

ある西側女性ジャーナリストに、リビアの反政府派民兵たちが仕出かした過ちをいくつか指摘したことがあった。彼女はとがめだてする目で、わたしに言った。「誰がいい人《グッド・ガイズ》たちか、ちゃんと考えてから言ってね」。

たしかに彼らはグッド・ガイたちだったかも知れない。しかし、それがカイロのタハリール広場であろうとリビアの前線であろうと、反政府派によるメディア・フレンドリーな場面提供の手軽さには、どこか不安をかき立てるものがあった。リビアのベンガジのデモ隊は、パーフェクトな英語で書かれたプラカードを掲げたものだ。テレビの視聴者の便宜を図って、それがどんな意味なのか分からずに掲げていることもしばしばだった。

ベンガジから車で二時間、南に下ったアジャビヤでは、こんなことがあった。外国のジャーナリストの方が反政府派の戦闘員を上回る場面がけっこうあった。そのたびに自分の特派員を写すカメラマンは、外国プレスの姿が画面に入って視聴者の目に飛び込まないよう工夫を凝らす必要があった。

現場で危険だったのは、重機関銃を荷台に取り付けた反政府派戦闘員のトラックに轢かれることだった。砲弾が遠くで炸裂しただけでパニックになるドライバーがかなりいたからだ。リビアの反政府民兵たちは、自分たちの市や街を攻撃するときはたしかに活躍していた。しかし、空からの掩護がなければ、数週間以上、戦闘を続けることはできなかった。

メディアは色彩に富んだ《カラフルな》地上の小競り合いにカメラの焦点を合わせた。それによって、カダフィが米英仏の軍事介入によって打倒されたという中心的事実から注意が逸らされる結果が生まれた。

驚くべき何事もなかった。西側のリーダーたちは必ず笑顔の子どもたちや、歓声をあげる兵士たちとともに姿を見せた。決まって共感の光を当てるメディアがいた。

アラブの反政府勢力が、同じようなPR技術を持ってはいけないわけがなかった。問題はしかし、戦争のリポーターたちが、反政府派が持ち出してくる残虐ストーリーをすばやく受け入れて報じる、そのやり方にあった。

リビアで最も反響を呼んだストーリーは、カダフィの政府軍が上からの命令で、反政府派の区域を襲い、大規模な集団レイプを繰り広げたというものだった。リビア人の女性心理学者が、アンケート用紙を七〇〇〇枚配り、六〇〇〇枚を回収したところ、二五九人の女性がレイプに遭ったと名乗りを上げた。心理学者はそのうちの一四〇人にインタビューして話を聞いた――そうだ。

リビア東部の無政府状態のなかで、それほど精確な統計がとれるのか、ありそうにないようにも思えるが、心理学者のストーリーは無批判に繰り返し流され、カダフィを人でなしに仕立て上げるのに大いに役立った。その数週間後、「アムネスティー・インターナショナル」、「人権ウォッチ」、国連の委員会が、大規模集団レイプ事件が起きた証拠はないとする報告をそれぞれ行なった。どうやら、プロパガンダの陰謀が成功しただけのことだった。

また、反政府派がリビア政府軍兵士八人の死体を撮ったビデオを公開したことがあった。反対派に加わろうとしたところを捕まり、処刑されたというふれ込みだった。その後、「アムネスティー・インターナショナル」が、その政府軍兵士八人の、反政府派に捕まったあとの撮影ビデオを入手した。そのとき八人は、まだ生きていた。明らかに八人はその後まもなく殺され、カダフィの軍隊に罪のなすりつけが行なわれたのだった。

こうした「おいしい残虐《グッド》ストーリー」のキモは、それがショッキングなもので、すぐには反駁できないものであることだ。一九九〇年、サダムのイラク軍がクウェートに侵攻したとき、イラクの兵士たちが病院の保育器から赤ちゃんを投げ捨て、床に放置して死なせたという話が広く報じられた。ものすごい反響を呼んだ話だったが、目撃証言をした若い女性が実はクウェートのワシントン駐米大使の令嬢であり、当時、クウェート市内の病院に居合わせてはいなかったことが分かって、一気に信用を失った。

リポーターたちも、疑がうことを知らないわけでもないが、こうしたストーリーを直ちに捨て去ることは、なかなかできないことだ。彼らは上司のニュース・エディターたちが、ライバル他社がきっと報じるに違いない、カラフルなストーリーがたぶん嘘だなんて聞きたくもないことを心得ているのだ。

これを「戦争の霧」のなかの出来事にして、非難をかぶせることも簡単なことだ。戦いは混乱と物事の急展開を含むものであり、いちいち確認してはいられないものであることもたしかだ。戦争のさなかにある者は、自分の取材の成功や失敗を語る際、普通のときには考えられない、強い動機に支配されてしまう。そしてその言い分を第三者が否定することは常に難しい。別にこれは目新しいことではない。アメリカの南北戦争で、南軍の将軍、ストーンウォール・ジャクソンは幕僚の一人にこう尋ねたものだ。「戦場というものが、これほどウソつきを生み出すものだってことを、思いもしなかったんじゃないかね」。

撃ち合いの最中、何が起きているか自分の目でたしかめようとあたりをうろつくことは、もちろん危険なことだ。二〇一四年七月、シリアにいたわたしはホムス県の県知事にインタビューしたことがあった。インタビューの途中、県知事はわたしに突然、すごいニュースを教えてくれた。シリア政府軍が、レバノン国境沿いの反政府派に占拠されていたタルカラクの奪還に成功したというのだ。知事はわたしに、信じられないなら自分でたしかめて来たら、と言った。

反対政府勢力が言うことは違っていた。激戦を続けているという。アルジャジーラも、タルカラクの町から煙が上がっていると報じていた。

わたしは三時間、タルカラクの周りを車で回った。周辺部はたしかに政府軍がしっかりコントロールしていた。しかし、たった一発の銃声も聴こえないし、煙も見えない。

タルカラクの町を眺めると、政府軍の砲撃で一角がすでにひどく破壊されていた。誰もいない通りが遠くに見えた。

住民はどうなったのだろう？

政府側のシンパの人の見方はこうだった。「みんないま、家のなかで昼寝をしてるんですよ」。ダマスカスでわたしは、キリスト教徒居住区のバブトゥマに入った。反政府側の支配区域から迫撃砲弾が撃ち込まれていた。友人が走って来て、自爆攻撃で四人が死んだと教えてくれた。数百メートル先の、すぐそこで起きたという。

わたしはすぐ現場に向かった。白いシートの下に死体がひとつ、あった。通りの反対側に、小さなクレーターがひとつできていた。迫撃砲弾の爆発でできたようだった。

シリア国営テレビは、死んだ男はキリスト教会を狙った自爆犯だと言い続けた。自爆犯の名前さえ明らかにした。

真相は、監視カメラの記録映像でわかった。着弾した迫撃砲弾の閃光が現場を通りかかった人の白シャツ姿を際立たせた瞬間をとらえた映像だった。即死した男性は、自爆犯とされたのだ。国営テレビは誤報を陳謝した。

いずれも政治的な先入観が単純な誤りと結びつき、事実と違った「事件」を生み出した事例だが、そのどこにも「戦争の霧」などというものはなかった。

ここでハッキリ言えるのは、自分の目で確かめる直接報道に代わるものはない、ということである。ジャーナリストというものは、二次情報や自分に都合の良いニュースソースにどれだけ頼っているか、自分にも他の人にも、なかなか認めないものだ。ニュースになる出来事の渦中にある人びとは、自分はほかの人より知ってるんだ、という気になりがちなことも問題を複雑化している。

バグダッドで自爆攻撃に遭遇し、命拾いした人がわたしに、爆弾を爆発させる瞬間の自爆犯の表情を、事細かに教えてくれたことがある。それほど近くにいたなら自分が死んでいたことも忘れて。

こうした自爆攻撃現場の目撃証人として最も信頼できるのは、通りでタバコを売る少年たちだ。お客になりそうな通行人を見つけようと、常に通りに目を凝らしているからだ。

戦争は常に平和時よりも濃い霧に閉ざされ、見えにくいものではない。逆に見やすくなることもしばしば。それが現実である。戦争で深刻な事態が生まれたとき、それを隠し通すことは困難だ。数千人の人びとが、すでに影響を受けているからだ。そして戦闘が始まったら最後、冒険心に富んだジャーナリストたちが動き出す。彼らを監視したり妨害したりすることが、だんだん難しくなって行く。占領された事実を隠したり、勝ち負けの真相に蓋をしたりしようとも、秘密を守り通すことは難しい。情報提供者はますます見つけやすくなる。

北アイルランドのベルファストであれ、バスラであれ、ダマスカスであれ、人びとは自分たちの住区の、あらゆる脅威の兆しに敏感になるものだ。知らない顔を見たり、戦闘員の集団が出てきたら、情報はすぐ伝わる。

政府や軍はリポーターの立ち入りを禁じることで秘密を守ることができる。しかし支払う代価も大きい。ニュースの真空を、敵側の情報が埋めるからだ。今回の内戦でシリア政府は外国人ジャーナリストへのビザ発給を拒否して、政治的に不利な立場に自らを追い込んだ。最近になって方針を撤回し出した。

二〇〇三年以降、イラクでは危険が強まった。そんななか、外国人リポーターたちはバグダッド市内の三つか四つのホテルに閉じこもり、「ホテル・ジャーナリズム」をしているだけだから、現場の目撃者とはいえない、という噂が立った。

真実とはほど遠い噂だった。なぜなら、それらのホテル自体が自爆攻撃を繰り返し受けていたからである。ホテルを出て取材するのを怖がるようなジャーナリストは、用心してはじめからバグダッドには来ない。わたしはかつて、殺されたり誘拐されたりするリポーターは、とんでもないリスクを引き受け、自分の名前を売ろうという経験のない者と思い込んでいた。しかしわたしの知る、一九八九年にエルサルバドルで死んだ英国人ジャーナリストのデイヴィッド・ブランディーや、二〇一二年、シリアで死んだ米国人女性ジャーナリストのメリー・コルヴィンは、経験に富むベテランだった。彼らが犯したミスはたったひとつ、ただ単に危険な場所へ足繁く取材に入っただけのことである。場数を踏むことで、銃弾や爆弾に当たる確率はそれだけ高まるのである。

混乱したゲリラ戦や、前線のありかがハッキリしない散発的な砲撃は、とくに危険だ。

二〇〇四年、わたしはユーフラテス川沿いのイラクの町、クファであやうく殺されかけたことがある。米海兵隊とともに戦ったその日の戦闘で気の立ったシーア派民兵に捕まったのだ。わたしが地元のスンニ派住民と同じ被り物をしていることが疑われ、スパイではないかと半ば決めつけられた。わたしはクファからバグダッドに向かう途中、スンニ派の村々を通過しなければならないので、被り物で扮装していたのである。

外国人ジャーナリストはダマスカスやバグダッド、カブールで、ホテルに潜んでばかりいるというのは、馬鹿げた見方だ。それよりももっと実のある批判は、戦争リポーターは、今後の帰趨を決めるかも知れない、もっと大きな戦争の背景に目をつむり、撃ち合いや小競り合いといった「戦争の花火」ばかり書いている、という指摘だ。

わたしはある新聞の特派員に、もったいぶってこう言われたことがある。「うちの社は、いわゆる『バン！　バン！』ジャーナリズムをしていませんから」。それが、彼の同僚がシリアで、誰一人、戦場取材をしていない理由だというのだ。

しかし、この「バン！」も重要なことなのだ。戦争はたしかに、政治に触れずに説明できないものだ。しかし政治もまた、戦争の現実を知らずに理解できない。

米軍のイラク占領が開始されたころ、わたしはバグダッドのドーラ地区にある発電所に駆け付けた。米兵一人が撃たれて死亡し、一人が負傷した現場だった。ゲリラ的な武装抵抗が始まったばかりのころだったが、マイナーといえばマイナーな事件だった。

しかし道路の血だまりの周りに集まっていた地元民の、殺害を歓迎する言葉はマイナーなものではなかった。「わたしらはとても貧しいけれど、今日はチキンを食べてお祝いをするよ」。そして、こう続けた。「神がお望みなのだ。これからこういうことがもっと起きるだろう」。

米軍や英軍に同行取材することは、兵士たちと経験をともにすることで、同じような考えを持つに至ることを意味する。現実問題としてはたしかに、自分の身の安全に役立つ人や、危険を分け合ってくれる人たちと関係を持たないことは難しい。そして軍当局は、ジャーナリストに同行取材をさせたがるものだ。批判的な者を排除し、友好的な者を選んで、同行させたがる。

ジャーナリスト側はこれに対し、自分の身を守りたい思いとは別に、それでは戦争の重要な部分が見失われることになると思う。というのも、ゲリラ戦のベテラン司令官たちは、敵軍がいない場所、弱い場所をところ構わず選んで、攻撃をしかけるものだからだ。そうすると米英軍に同行取材している者は、どうしても場違いな場所にいがちなことになる。

二〇〇四年、米海兵隊がファルージャに侵攻し、イラクの武装抵抗派の戦闘員を多数殺害したとき、バグダッドの記者団の大半が同行取材した。おかげで海兵隊のファルージャでの勝利は喧伝され、いっぺんに知れ渡った。しかし、そのあとの武装抵抗勢力によるモスルの攻略は、ファルージャよりもっと大きな都市であるにもかかわらず、米軍がすでに引き揚げたあとのことでもあり、メディアにほとんど無視されることになった。二〇一四年六月、モスルが再び陥落したときも、この大都市が十年前にも戦闘員たちの手に落ちたことにふれるコメンテーターはほとんどいなかった。この二度目の陥落が、イラク第二の都市のモスルや、ほかのスンニ派の拠点都市に対するバグダッド政府のコントロールが、いかに脆いものとしてあり続けて来たかを指摘するコメントもほとんどなかった。

メディアが描き出す戦争の姿に悪意が加わったのは、ほんの数年前までは完全にポジティブなものと見られていた新たなメディアによるものだった。衛星テレビや、ユーチューブ、ブログ、その他ソーシャル・メディアで供給される情報の活用は、「アラブの春」の幕開けにおいて、解放のための技術革新だと描き出されていた。たしかにチュニジアからエジプト、バーレーンにいたる警察国家群による情報の独占は、これによって打ち破られた。けれど、シリアの反乱の経過のなかで、衛星テレビやインターネットがプロパガンダと憎悪の投げかけにも使われ得ることも明らかになった。

「聖戦の半分はメディアで」――こんなスローガンが、ある聖戦グループのウェブサイトに載った。これは広い意味で言って、まったく正しい戦略である。スンニ派原理主義の聖戦グループは衛星テレビやユーチューブ、ツイッター、フェイスブックを通じて連日、自分たちの考えや活動、活動目標の宣伝放送を続けている。こうした強力なコミュニケーション手段がある限り、アルカイダ型の聖戦グループが資金不足や戦闘員不足に悩むことはないのだ。

聖戦グループの宣伝の多くは、シーア派に対する「憎悪《ヘイト》プロパガンダ」だ。それに時折、クリスチャンやスーフィー教徒、ユダヤ人に対するヘイト攻撃が加わる。聖戦グループはまた、シリア、イラク、イエメンなど、戦いが繰り広げられているすべての地域での支援を呼びかけている。最近、夢想しているような目をした自爆者の映像がポスティングされた。シナイ半島でエジプトの警察検問所に突っ込んだ「殉教者」だった。

こうしたネット掲出のポスティングを一通り観て驚かされるのは、その暴力性と宗派性が際立っていることだが、それだけではない。プロの手で、しっかり制作されたものがポスティングされているのだ。聖戦士たちは初期イスラムの規範への回帰を熱望しているのかも知れないが、インターネットでモダンなコミュニケーション・スキルを駆使するその姿は、全世界の政治運動の最先端を行くものでもある。

ＩＳＩＳは自分たちの活動のすべてを視覚映像化することで、その政治的なインパクトを大きく増幅させた。ＩＳＩＳの戦闘員たちはいまや、ソーシャル・メディアに君臨し、仲間の戦闘員が敵を特定して殺害する場面を映し出す、出来のよい恐怖ビデオを量産しているのだ。

対するイラク政府側のメディアに対するアプローチは、まるで違っている。ＩＳＩＳの戦勝を矮小化することで自分たちの士気を維持し、愛国心に訴えながら、バグダッドは絶対陥落しないと強調するばかりだ。

こうした粗製プロパガンダにうんざりした視聴者は、サウジアラビアが所有しドバイから放映する衛星放送のアル・アラビアや、イラクで進行中の出来事を映像で伝えてくれる他チャンネルを視るようになり、これが結果的にＩＳＩＳを利している。

聖戦派のビデオ制作技術の洗練とは正反対に、そのコンテンツは荒々しいばかりに宗派的であり、暴力的なものになっている。イラクからポスティングされたビデオを三本、紹介しよう。

一本目のビデオでは、軍服姿の男が二人、後ろ手に縛られ、セメントのような床面にうつ伏せになって死んで横たわっている。二人の頭から血が流れている。頭を撃たれたか、喉を切り裂かれたか、したようだ。キャプションはこうだった。「シーア派には薬はない。剣があるだけだ――アンバールで勝利」。

二本目のビデオには、武装した男たちのそばに、死体がふたつ転がっている。キャプションで、イラクのサラフディン州で活動する反アルカイダ、「覚醒」運動の戦闘員の死体であることがわかる。

三本目は逆に、イラク政府軍のシーア派兵士たちが映っている。連隊旗を掲げているのだが、旗に書き込まれた文字はスンニ派を侮辱するものに替えられていた。「神はオマールとアブ・バクル（二人とも初期のスンニ派指導者）を呪い給へり」。

そんなインターネットのポスティング・ビデオには、スンニ派聖職者や政治家による、聖戦士たちへの献金アピールも含まれている。そんなビデオのひとつは、アピールの成果をこう報告している。一万二〇〇〇人の戦闘員の一人ひとりに、それぞれ二五〇〇ドルを持たせ、シリアに送り出すことができたと。

まるで薬局の薬品棚のような、七段の棚を映し出した写真もポスティングされていた。棚に並べられているものをよく見てみると――そこにはさまざまかたちの手榴弾が並べられていた。写真のキャプションには、こう書かれていた。「シーア派のためのアンバール聖戦士薬局」。

ＩＳＩＳのスライド画像には、こういうのもあった。覆面姿の戦闘員が、平ボディのトラックに捕虜の一隊を乗り込ませている。続いて、後ろ手に縛られた捕虜たちが、浅い溝の中でうつ伏せにさせられている写真。おしまいは、血まみれの死体の写真が続く。殺されたのはたぶん、シーア派のイラク政府軍兵士たちだ。キャプションによると、ＩＳＩＳの司令官、アブドゥル・ラーマン・アル・バラウィが死んだことへのリベンジだという。バラウィが殺されたのは、ＩＳＩ

Sが二〇一四年六月中旬、北部イラクを席捲、モスルやティクリットを陥落させる直前のことだった。

聖戦士が使っているのは、ツイッターやフェイスブックだけではない。エジプトの二つのテレビ局、(サウジアラビアとクウェートの資金で開局していると言われる)サファとウェサルは、シーア派に対する敵意を隠さないジャーナリストやコメンテーターを雇い入れている。ウェサルの衛星放送は、アラビア、ファルシ〔ペルシャ語〕、クルド、インドネシア、ハウサ〔西アフリカ〕の五つの言語で行なわれている。

これに対してイラク政府は、「敵性」のテレビ局数局とフェイスブック、ユーチューブ、ツイッターその他ネットサービスを潰すことで対抗したが、イラクの人びとはすぐさま、政府の検閲をかいくぐる抜け道を探り出した。ISISのフォロワーたちはツイッターに、敵の死体の写真を洪水のように載せているが、その一方で病院の運営や助言による統治プロセスを公開してもいる。

憎悪を煽り立てる聖職者たちは決まって、ユーチューブ・ファロワーの大集団を持っている。アル・ズグビ師〔スンニ派〕はエジプトの人気ビデオ・ブロガーだが、説教のなかでたとえば、エジプトを「犯罪的な裏切り者や犯罪的なシーア派」やユダヤ人、十字軍から守るよう神に呼びかけている。また、「おおシリア、勝利の日は近づいている」と題する別のビデオ説教では、アサド大統領が「ペルシャ人やシーア派、裏切り者たちやシーアの犯罪者に救援を求めている」と非難している。

こうした過激な言葉づかいを、狂信的な小集団向けのものだと言って、はなから一蹴することもできようが、ユーチューブ視聴者の数をみると、実はものすごい人気を集めていることがわかる。シリアのウォッチャーたちは、シリア反政府武装勢力の戦闘員らが、各地の内戦の動きを知るために、どれだけ多くの時間をインターネットに費やしているか、報告している。

衛星テレビや聖戦グループのウェブサイトがどれほどの影響を及ぼしているかは、イラクの監獄につながれた聖戦士に対するインタビュー結果をみればわかる。捕虜はどこでも、自分を捕まえている者たちが気に入ることを言うものだが、イラクのテレビ局のインタビューに対する彼らの答えには真実味がある。シリアへの外国人聖戦士の第三の供給源であるチュニジアから来たアル・マスムーディは、イラクまで足を伸ばした理由を「アルジャジーラ・テレビに心を動かされたため」と語った。

マスムーディはサウジアラビア、ヨルダン、イエメンから来た一三人とともに、シリアからイラク入りしたが、ファルージャまで来るのに、何の妨害もなかった。

ほかのインタビューでは、元サウジアラビア軍将校のアル・カタニがこう率直に語っていた。

「アラブのメディアと聖戦集団のウェブサイトが、わたしにイラク行きを確信させたのです」。

残虐行為の撮影ビデオは世界中のコンピューターやテレビのスクリーンに、撮影後数時間以内という素早さで登場しているが、その一部は偽造されたものだ。ＩＳＩＳがイラクで撮影したと言って流しているもののなかには、シリアやリビア、あるいは中東の外で宣伝用に使った映像を転用したものも含まれている。

ある特派員が最近、トルコ東南部のシリア人難民キャンプへ取材に入った。そこで十歳の男の子が、二人の男がチェーンソーで殺される場面をユーチューブで観ていたという。殺されたのはシリアのスンニ派で、殺したのはアラウィー派だというコメント付きのものだったが、実際はメキシコのビデオだった。麻薬王がライバルを威嚇するためにつくった殺人ビデオだった。

こうしたまがいものの残虐ビデオも、戦場では一定の成果を上げている。カダフィの政府軍兵士はレイプを命令されているから、自分の妻も娘もレイプされると信じ込んだリビアの戦闘員がいた。この戦闘員は敵の兵士を〈すぐ殺してしまい〉生かして捕虜に取ることはなかった。

しかし殺人や拷問ビデオは、本物である方が偽物より格段に多い。そういう実写ビデオがシリアでは、すごい速さで拡散している。これはシリアの内戦の激しさの度合を物語るものであり、交渉による内戦終結が当事者にとっていかに難しいものになっているかを指し示すものでもある。

「アラブの春」を振り返ると、それが革命と反革命と外国の干渉の奇妙な混合であったことがわかる。こうした複雑さを前に、国際メディアはしばしば、いったい何が起きているかつかめず、困惑の極みに立たされて来た。

二〇一一年の反乱に立ち上がった者たちは、失敗も多かったが、影響力の拡大と報道操作においては非常な巧みさを示した。カイロのタハリール広場や、それに続くキエフ・マイダン〔独立〕広場は、テレビ・カメラの前で正義の力が悪と対決するドラマの舞台となった。真実に迫ろうとするリポーターたちは、重いリスクを背負わなければならなかった。あまりにも単純化された舞台裏で何が起きているのか探ろうとして、命を落とす者もいた。

シリアの反乱の最初の二年間の報道はとくにひどく、最悪なものだった。二〇一一年以降、シリアで起きた出来事を、レバノンのベイルートから追うことになったある特派員は、反政府武装勢力をニュースソースとした報道ぶりについて、「まるでアメリカで最後に行なわれる大統領選をカナダから、共和党の茶会《ティー・パーティー》グループの情報に頼って報道するようなものだった」と、あっさり認めた。

そうして報じられた「ニュース」はあまりにも偏り、信じてはいけないものだったから、実際は予想もしない別の展開をしていたことが分かったときなど、不快な驚きにとらわれたものだ。この状態は、今後とも続いて行きそうである。

第９章
ショックと戦争
Shock and War

二〇一三年の後半、わたしは聖戦士たちがシリアの反政府武装勢力を乗っ取って行く姿を報じはじめた。元「イラクのアルカイダ」のＩＳＩＳは、そのころ急速に戦力を拡大させており、それを裏づける証拠も挙がっていた。わたしが特派員を務める英紙『インディペンデント』は、「中東の今年の顔」を選ぶよう指示して来た。わたしはその年の末、アブ・バカル・アル・バグダディを選んで報告した。バグダディは二〇一〇年にＩＳＩＳの指導者になった、影に包まれた人物である。その数日後、二〇一四年の一月三日、ＩＳＩＳがファルージャを奪取、それをイラク政府軍が奪い返せない事態が生じた。

わたしは最初、それほど警戒すべき事態ではないと受け止めた。当時、イラクのマリキ首相は四月三十日に予定された国会議員選挙に向けて、多数派であるシーア派有権者に対し自分を「ミスター・セキュリティー」として売り込み、政府の腐敗や行政サービスの不備を忘れさせるため、アンバール州におけるスンニ派反革命勢力の脅威を過大に宣伝していた。わたしは政府軍がなかなかファルージャを奪回しないのは、選挙対策の策謀であり、選挙が終われば奪還作戦が行なわれるものと思っていた。

しかし、事情に詳しいイラクの情報筋はわたしに、政府軍がファルージャを奪還できず、アンバール州をはじめイラク北部の全域でＩＳＩＳを壊滅できないでいるのは、決して意図的なものではないと教えてくれた。

イラク政府軍は一五個師団のうち五個師団をアンバール州に配備しているが、どれも甚大な損害を被り、脱走者が続出している。政府軍兵士は、AK48ライフルのクリップ（挿弾子《そうだんし》）を、わずかに四つ持たされただけで前線に送り込まれている。空腹にも苦しんでいるのは、司令官が兵士の食糧費を横領しているからだ。産油国のイラクだが、軍用車両の燃料不足が起きている。兵員数が四分の一に激減した大隊も、いくつかある……。

四月の段階でわたしは、イラクの元閣僚からも、「政府軍はアンバールで手痛い敗北を喫した」と聞かされていた。

こうした警告を受けていたにもかかわらず、それから一ヵ月後の六月十日、わたしはモスル陥落を知ってショックを受けたのだった。

わたしはそれまでイラク政府軍が、金儲けの手段になっていることを耳にしていたが、デマ話ではないかと思っていた。しかし、金で司令官ポストを買い、賄賂や横領で太る噂は本当だった。モスルからは政府軍の普通の兵士が逃げ出したが、それよりも素早く、平服姿の将軍たちがクルド自治区の首都、エルビルに姿を見せていた。

ISISは過去一年間にわたって、その背筋も凍りつくような狂信に軍事的な効率性をブレンドした組織運営を続けていた。イラク北部、西部での作戦行動は、軍事の専門家によって策定されたもので、ISIS自身が「岩場をすり抜ける蛇のように」と表現した通り、守備が堅固な敵陣は避け、ソフトなターゲットを狙って攻撃する巧妙なものだった。

西側の政府が、イラク・シリア情勢を完全に読み損ねていたことはいまや明らかだった。イラクの政治家は、シリア内戦が続いて行けば、そのあおりでイラクのただでさえ壊れやすい現状は不安定化すると、聞く人すべてに二年にわたって、警告し続けていた。

モスルが陥落したとき、非難はマリキ首相に集中した。マリキにはたしかに釈明すべきことがたくさんあったが、イラク政府軍敗北のほんとうの原因はイラク国境の向こう側にあった。シリア・スンニ派の蜂起は、イラクでも爆弾を炸裂させた。マリキはスンニ派の州をまるで征服地のように扱っていた。イラク・スンニ派がこれに抗して立ち上がることができたのも、シリアでの先行事例とそれによる励ましがあったればこそ。なければ、難しかったろう。

ＩＳＩＳがスンニ派反乱の先兵として活動を続けて手にした主導権は、覆される可能性がまだある。しかしＩＳＩＳが主導した二〇一四年夏の攻勢は、二〇〇三年の米軍侵攻で生まれたシーア派が支配するイラク国家に、永遠の終止符を打つものになったらしいことはたしかだ。

モスルの陥落は、中東で続いて来た、外部世界を驚愕させる一連の予期せぬ出来事のひとつに過ぎない。中東は常に、介入する外国勢にとって油断ならない場所としてあり続けて来た。しかし中東情勢を読み損なった西側の失敗原因の多くは最近になって生まれたものであり、自分で招いたものでもあった。二〇〇一年の「9・11」攻撃に対する米国の反応は、アフガニスタン、イラクを打倒すべき敵対国家と特定したとき、そのターゲットを間違えた。たしかにアフガニスタン、イラクはアルカイダの支援に最も関与していたが、サウジアラビア、パキスタンは見逃され、フリーパスさえ与えられるありさまだった。サウジアラビア、パキスタンは米国の古くからの同盟国であり、「9・11」後も、それに変化はなかった。

サウジアラビアはいま、自分の王国が逆風にさらされるのを恐れ、シリアをはじめ世界各地の聖戦士を支援するスポンサー役から降りつつあるのかも知れない。パキスタンのシャリフ首相は、自国の情報部から過激分子を一掃するため、やれることはなんでもやると言っているかもしれない。

しかし米国と西側同盟国が、この二つの国こそイスラム過激派をプロモートしてきた張本人であることを認めるまでは、聖戦士たちを孤立させる戦いにおいて、進捗は見られないだろう。

政府だけが間違ったわけではない。二〇一一年の「アラブの春」を、地域の権威主義国家を打倒する「死の打撃」と見なした改革者や革命家もまた、間違ったのだ。宗派主義と独裁にほころびが走ったのは、短期のことに過ぎなかった。

それでもアラブ世界は、政治的に敵対する者がデモクラティックな選挙で競い合う、宗派的憎悪のない、素晴らしき新未来の入り口に一度は立った。

それから三年、こうした民主化への熱狂はいまやナイーブなものと見られるようになってしまった。中東の民主化運動は各地で、反革命の成功と宗派的暴力の拡大を前に、後退を重ねた。警察国家やＩＳＩＳのような聖戦運動に代わるものであったはずの進歩主義の革命が、なぜこれほど全面的な失敗に終わったたか？　これはいちど、きちんと分析してみる価値がある。

二〇一一年のアラブ民衆の蜂起は、歴史上のすべての革命と同様、その名に値する本物の革命だった。しかし、それをどうとらえるかで、特に西側に、ひどく捻じ曲がった見方が生まれた。

思いがけなさこそ、革命的な変化の本質にあるものだ。たとえばわたしのような者が中東で革命の徴候を見て取ることができるなら、それは秘密警察《ムカバラート》の長官にとってなおさら可能なことである。長官は革命の勃発を防ぐため、できることは何でもするはずだ。

真の革命は、予想外かつ意外な民衆と出来事の一体化が生まれ、さまざまな思いがひとつになって、ムバラクやサダトのような共通の敵をターゲットに据えたとき、はじめて実体化する。しかし二〇一一年の改革のうねりの政治・社会・経済的な根にあったのは、非常に複雑なものだった。それが当時、誰の目にも明らかなものになっていなかった。

それはひとつに、外国のコメンテーターが新たな情報テクノロジーの役割を過度に強調したせいでもある。プロテストに立ち上がった人たちは、プロパガンダのスキルには長けていたが、英語を話す教養あるブロッガーやツイッターが前衛を担ったこともあり、「ビロード」のように優しい、相手を威嚇しない反乱であることに、運動を進めて行く有利さを見ていた。西側の人びとに、これはみなさんに似た新しい革命ですよ、とメッセージを伝えることが、運動の目的になった。二〇一一年に中東で起きたものは、一九八九年の東欧で起きた、西側びいきの反共産主義の反乱に似ていた。

反政府勢力の要求はすべて個人の自由を求めるものだった。社会的、経済的な格差は、それが民衆の現状に対する怒りのもとだったにもかかわらず、ほとんど問題にされなかった。

シリアでの反乱へ至る数年間、首都ダマスカスの中心部は、おしゃれな店やレストランに占拠されるようになった。シリアの民衆は、インフレで価格の高騰が続くなか給与が停滞する生活苦に直面していた。農民たちは、四年も続いた旱魃で疲弊し、都市部郊外のスラム行きを余儀なくされていた。国連の報告書は、二〇〇万から三〇〇万人のシリア人が「極貧」の生活にあると指摘していた。トルコや中国から安い輸入品が流れ込み、小規模な製造業は操業停止に追い込まれた。経済自由化は外国の首都からは称賛の声が上がったが、政治的なコネを持つ少数者の手に富を集中するものでしかなかった。秘密警察の職員でさえ、月二〇〇ドルの薄給で暮らさなければならなかった。

「国際危機グループ」(ICG)の指摘によると、シリアの支配層は「権力を闘いとるのではなく遺産相続しただけのことでありながら……都会の上流階級の真似をしている」ありさまだった。

独裁者のアサド家および側近たちは、エジプトやリビア、イラク同様、半ば王家と化していた。警察国家に守られていることで自信を持つ彼らは、民衆の生活苦を無視した。失業者や教育のない人びと、数多くの若者たちが、生活向上の機会をつかめない状況に置かれていた。

古い警察国家を民主主義国家に代えれば、それだけで問題の大半は消える、といった単細胞《シンプル・マインディド》の妄想が、中東の、新たな政権の中心にあった。二〇〇五年のイラクであれ、二〇一一年のリビアであれ、そうだった。国内で迫害され、国外の亡命先でその場しのぎの暮らしを続けていた反政府派は、そんな単純な考えに乗ってしまった。それはたしかに外国の援助者にも受け入れられやすいものでもあった。

こうした物の割り切り方には大きなマイナス要素があった。サダムやアサド、カダフィがとんでもなく悪魔化されたことで、旧体制との妥協に向かうことや新旧の平和的な交代を進めることが難しくなった。イラクでは二〇〇三年に、サダムのバース党党員が新政府から解雇され、それだけで人口のかなりの部分が窮乏化して、戦う以外にないところへ追い込まれた。

シリアの反政府派も、アサドが和平に参加するのであれば出席できないとして、ジュネーブ和平会議に出るのを拒否した。アサド支配下の地域に人口の大半が集中している事実があるのに、アサドの参加を拒んだのだ。

こうした旧体制の排除は反政府派の息子たちに職を保証するものでもあったが、宗派対立を激化させ、民族・部族間の亀裂を深めることで内戦を招く要因ともなった。

それでは、革命を終えた新しい国家をひとつにまとめ、つなぎあわせる接着剤とは何なのだろう。

「ナショナリズム」は現在、西側社会では好まれていない。人種主義や軍国主義を覆い隠すものと見られているのだ。このグローバリゼーションと人道介入の時代においては、旧式のものだと思われている。

二〇〇三年の米軍のイラク侵攻、二〇一一年のリビアに対するNATOの軍事介入は、一九世紀の「帝国の世紀」における英国の「帝国の接収《インペリアル・テイクオーバー》」に大変似たものになった。外国政府が「国家づくり」を遂行、あるいは援助するといった不条理な言い方さえ聞かれた。そこには明らかに、英国のロイド・ジョージが、オスマン・トルコの帝国解体の旗振り役を務めたのと同じような、権益確保を狙う響きがあった。

一九六〇年代の後半、アラブの指導者たちが自らの権力奪取を正当化したものは、独立に確固たるリアリティーを与える強力な国家の創建だった。彼らはそれに完全には失敗しなかった。カダフィは一九七三年の石油価格の引き上げで中心的な役割を果たし、その二年前にシリアの大統領の座についたアサドの父親のハーフィズ・アル・アサドも、レバノンにおける影響力を賭けたイスラエルとの戦いを続けながら、シリアでの権力を維持しうる国家体制を築き上げた。

こうした体制に反対する人びとにとって、ナショナリズムは、無慈悲な独裁者たちが自分たちの権力掌握を正当化するための、宣伝手口に過ぎなかった。しかし、このナショナリズムがないと――実は「国家の統一」さえ、歴史的なフィクションでしかなくなるのだが――国家は忠誠心の焦点として宗派や民族集団と張り合うイデオロギーを失ってしまうのだ。

アラブ世界の反政府勢力や改革者が、現状を克服していく上で、彼らの前に立ちふさがったジレンマを解決できなかったことを批判するのは、たやすい。キューバ革命やベトナムでの解放闘争と比べれば、彼らの行動には混乱と非効率があったようだ。しかし彼らがそこで活動しなければならなかった政治の舞台は、過去二十年にわたって、とくに扱いにくいものだった。

一九九一年のソ連の解体は、米国の承認と寛容だけが、もっと言えば米国だけが、権力の奪取に決定的な役割を発揮するようになったことを意味する。ナセルは一九五六年のスエズ危機でエジプトの主権を叫ぶ際、モスクワに駆け込むことができた。しかしソ連が崩壊したことで、モスクワとワシントンの間に自分の居場所を探ることはできなくなった。

サダム・フセインは一九九〇年、クウェートに侵攻したひとつの理由として、この機会を逃すと、立ち向かう者がいなくなった米国と向き合うことになるので、こうした冒険的行為は将来的にできなくなることを挙げた。サダムはこのとき当面する外交的な計算にものの見事に失敗したが、彼の見通しは、少なくとも米国の軍事力がアフガニスタン、イラクでの失敗で躓くまでは現実的なものとしてあり続けた。

イラクやシリアで掛け値なしの単一国家を再構築するには、状況があまりにもひどすぎる。イラクはいま分解過程にある。クルド人は北部の石油都市、キルクークを押さえているが、そこは彼らが昔から、自分たちの首都だと言って来たところだ。そこをあきらめることはない。それは彼らが民族浄化で追い出された地域についても言える。

イラク北部、中部のスンニ派アラブ人の中核地帯に対するイラク政府の支配も、政府軍の崩壊とともに消え去った。イラク政府はバグダッドおよびシーア派が多数を占めるイラク南部の各州だけは、今後とも支配を続けられるかも知れない。しかしISISの勢力拡大を思えば、イラク国内のスンニ派の村や町への支配を再確立することは極めて難しい。

イラク政府の国家安全保障問題次席補佐官、サファ・ルスル・フセイン博士は、わたしにこう語った。「ISISが一〇〇人の戦闘員で、ある地域を占拠したとします。すると彼らは、そこでふつう五倍から十倍〔五〇〇人から一〇〇〇人〕の戦闘員をリクルートするのです。リクルートされた新しい戦闘員は前線で闘うのではなく、自分たちの家族を守るためにISISに加わるのです。こうしてISISの戦闘員の数が急激に増えて行っているのです」。

追い込まれたイラク政府に対する国外からの支援については、予測しがたい。外国の介入があるとすれば、イラン——そして米国の介入があり得る。テヘランにとって、同じシーア派が多数を占めるイラクは、シリア以上に重要な国だ。一方イランは二〇一三年の米軍侵攻以降、バグダッドに対し、最も影響力のある国として浮上している。

そのイランのロウハニ大統領は、ISISの「暴力とテロリズム」との戦いに動き出すと言明した。バグダッドの「噂マシーン」は一週間にわたり、イラン軍の大部隊がすでにイラク入りしているとの情報を流し続けた。目撃で確認されてはいない。

米国について言えば、国内の厭戦ムードが米地上軍再派兵を排除している。ただ軍事顧問団だけはイラクに送り込んでいる。空爆も効果が問題だ。ゲリラ化したISISは、空爆のターゲットになるような、目に見えるかたちで兵員・装備を動かしていない。指導部も潜伏し、どこにいるのかわからない。ISISの攻勢が成功裏に進んだのは、米軍と戦ったサダムの旧イラク軍の将校たちや、国中のスンニの町村から若者たちが、幅広く参加したからだ。

そうしたスンニ派の人びとを空から無人攻撃機などで攻撃すれば、ますますスンニ派コミュニティーの怒りを買うことになる。米軍の空爆でISISの戦闘員が殺され続ける事態になれば、その無慈悲さで知られるISISは、それほど時間を置かずリベンジに乗り出し、米国をターゲットに自爆者を送り出すだろう。

米軍はイラク国内に空軍基地を展開し一五万の地上軍を投入、八年間戦いつづけても結局、勝てなかったのだ。この事実を思い出すことは大事なことだ。

米国はそれ以上に、スンニ少数派を支配するイラク・シーア派の保護者に見られたいとは思っていないようだ。サダム時代と同じくらい宗派差別や腐敗がひどく、機能麻痺に陥っているバグダッドの支配の擁護者とは見られたくないのだ。

イラクでは二〇〇三年以前と比べ、国家権力による暴力が減っているようだが、これにしても国家権力そのものが弱体化しているからにほかならない。マリキ政権のやり方もサダム同様、残酷なものだった。イラクの刑務所は、拷問や拷問の脅しで、虚偽の自白を強いられた人たちであふれ返った。ファルージャ近くの村々は、息子が政府側に捕まり、死刑宣告を受けたという家族だらけだ。

ある米国の知識人が、アブグレイブ刑務所に、サダムの残虐を忘れないための記念館を開く計画を立てて断念した。新たに投獄された人たちで満杯で、空きスペースがなかったからだ。

イラクはしかし、今なお異常なまでに危険な場所である。アブグレイブ刑務所に記念館をつくる話にかかわったイラク人は、わたしにこう言ったものだ。「いまなおバグダッドでは、人殺しを一〇〇ドルで頼めるんです。サダムが打倒されてから十年、まさかこんなふうになろうとは夢にも思いませんでした」。

イラクはシーア、スンニ、クルドの三地域に分解中だが、その分離のプロセスは今後とも、痛みを伴う暴力的なものになるだろう。七〇〇万人が暮らすバグダッド市内および周辺地域のような混住地区における宗派対立は避けられまい。流血の拡大と数百万に上るとみられる難民の大量発生なしに、イラク国家の分割が成し遂げられることは、ありそうもないことだ。今後の帰結として考えられるのは、一九四七年のインド・パキスタンの分離・独立のイラク版が、今度もまた暴力の苦痛を伴って再現されることである。

シリアの状況もまた、同じように暗い。全員が受け入れるしかない、あるべき和平条件に向かって、あまりにも多くの対立が、あまりにも多くの当事者がひしめき合っている。

シリアの内戦はよく、一九七五年から九〇年まで続いたレバノン内戦と比較される。どんなにひどい流血の事態が続こうと、あのレバノン内戦のように、当事者はみな、いつかは疲れ果て、銃を投げ出すはずだ――そんなふうに思って心を励ましているのだ。

しかし実際のところ、レバノン内戦はそんなかたちでは終わらなかった。サダム・フセインのクウェート侵攻の際、シリアはサダムを撃退する米国主導の反イラク連合に参加した。米国はそれに免じて、シリアがレバノンで最後の抵抗を一掃するのを見逃したのだ。レバノンとの比較は、あまりいいものではない。

シリアの人びとは、国内にとどまっていようと国外に逃れていようと、明らかに内戦に消耗し切っている。嫌気がさしている。内戦を終えるためなら、何でもするだろう。しかし、彼らは自分たちの運命を自分で決める立場には最早、ないのである。サウジアラビアとカタールはいま、シリアの新しい「穏健な政府反対派」に武器を供与し、訓練している。アサドとＩＳＩＳなど他のアルカイダ型グループと戦わせるためだ。しかしこの「穏健な政府反対派」が、厳しく管理された、外国勢力の手先以上の力を持ちうるかどうかは明らかではない。

アサドにシリアの膠着状態を切り拓く力があるかどうかは、時間の経過だけが教えてくれる。しかしこれはどうやら、ありそうにない。シリア政府軍にはこれまで、いちどにひとつの前線で戦う力しかなかった。これに対して、ますます明らかになっているのは、ＩＳＩやＪＡＮ、アーラル・アッシャムといったアルカイダ型の運動体がイラク、トルコの国境を超えて、自由に作戦行動を行なっていることだ。彼らは好きに行動できる膨大な後背地を持っている。

シリア内戦が続く限り、自分の命を喜んで捧げる聖戦士の軍団を抱えたＩＳＩＳのような狂信グループの方が、交渉により応じやすい穏健派を圧倒して行くことだろう。こうした状況のなかでは、シリア民衆の意思の重みは　この先、着実に失われていくはずだ。

しかし当事者意識はまだいくらか力を残している。シリアでは二〇一四年の夏の初め、ポジティブな出来事がいくつか起きている。そのひとつは、ホムスの旧市街から一二〇〇人の反政府派戦闘員が〔自ら停戦に動き〕撤退したことだ。戦闘員たちは自分の武器を、反政府派支配地域に持ち帰ることを許された。と同時に、二年間にわたって反政府派に包囲され、攻撃されて来たアサド政府派のシーアの町、ザフラーとヌブルに人道支援の輸送隊が入ることを許され、救援物資が届けられた。そしてアレッポやラタキアでは、反政府派に拘束されていた政府軍捕虜一七人が解放された。

これまであり得ないと思われていたことが起きたのだ。反政府派のグループがまとまって政府側と話し合い、協定を結ぶところにこぎ着けた。これには励まされる。こうした現場での停戦交渉は内戦全体を止めるものではないが、その分、人命を救うものであることは確かだ。

二〇〇五年のイラクでも、二〇一二年のエジプトでも、権力の座についた宗教政党は、いずれも権力基盤を固めることはできなかった。どこの国の反政府グループも、自分たちが打倒しようとしている政府権力に敵対する外国から援助を得ようとしている。シリアではそれら外国スポンサーらの政策や対立が、そのまま反政府派の政策、対立になっている。

政府権力に対する抵抗があまりにも急速に軍事化したことで、新たな国家指導者が育つことも、政治プログラムが仕上がることもなくなった。ナショナリズムも共産主義も権威が失墜し、一極化した米国に追従するしかない状況だけが残った。

これが意味するのは、事態の推移に翻弄されるしかない、ということである。湾岸の石油王国から資金を供与された、ＩＳＩＳをはじめとするスンニ派戦闘員たちの狂信運動と闘い得る、非権威主義の国民国家をつくろうとするビジョンは、どこにもない。

こうしたシリアでの帰結は、すでに国境を超え、イラクに広がっている。

中東はいまや、長い発酵のプロセスに入ったのだ。反革命の地盤固めは革命と同じだけ難しいことが、そのなかで証明されることになるかも知れない。

あとがき

シリア北部のクルドの町、コバニ〔アイン・アル・アラブ〕に対するＩＳＩＳの長い攻勢は、わたしが本書を書き進めている段階でも続いていたことだが、そんな聖戦士たちの進撃が、このコバニで初めて重大な抵抗に遭遇した。

そこまで四ヵ月間、彼らは戦勝を重ねる一方だった。ＩＳＩＳは夏場の素早い作戦行動で、イラク政府軍、シリア政府軍、シリアの敵対過激派、そしてイラク・クルド人部隊のペシュメルガを打ち破った。そしてバグダッドからアレッポ、シリアの対トルコ国境からイラク西部の砂漠地帯まで広大な地域を支配するに至った。

これまで世界の人びとが聞いたこともない、イラク北部のシンジャのヤジディ教徒、モスルのカルディア・カトリック〔クリスチャン〕教徒〔紀元三世紀までに、現在のイラク北部、アッシリアに創設されたキリスト教団の流れを汲む〕といった宗派・民族集団が、ＩＳＩＳの残虐と頑迷の犠牲になった。

二〇一四年九月、こんどはシリアの北部三県、トルコ国境の南側に事実上の自治区を設けているシリア・クルド人、二五〇万人に攻撃の矛先が向かった。三県のうちのひとつ、コバニを中心とするクルド人居住区が、ＩＳＩＳの攻撃目標となった。

十月六日までにＩＳＩＳ戦闘員はコバニ中心部に進出した。トルコのエルドアン大統領は、コバニの陥落が迫っていると語り、米国のケリー国務長官も、陥落の持つ事の重大性を否定しながら、コバニの「悲劇」に言及した。クルドの有名な女性戦闘員、アリン・ミルカンがＩＳＩＳ戦闘員に包囲され、身に着けた爆弾を爆発させる自爆攻撃を決行したとき、それは絶望と差し迫った敗北を示すものだと受け取られた。

ＩＳＩＳによるコバニの占拠が迫ったことで、米国のイスラム国攻撃計画は挫折したように見えた。バクダッドの西部でもＩＳＩＳはイラク政府軍に大きな損害を与えていたからである。米軍のＩＳＩＳに対する攻撃は、イラクでは八月八日から、シリアでは九月二十三日から始まったが、期待通りの成果を挙げることはできなかった。オバマ大統領の、ＩＳＩＳ戦闘員たちの「戦闘能力を低下させ壊滅する」作戦は、成功の最初の兆しさえ見られなかった。シリアでもイラクでもＩＳＩＳは縮小どころか、さらに勢力を拡大させていた。

ＩＳＩＳはコバニへ援軍を差し向けた。踏みとどまり反撃するクルド人に対し、決定的な勝利を手にするためだ。市街戦でも、空爆に対しても、ＩＳＩＳの聖戦士たちは損害をいとわなかった。それはすべて、六月十日のイラク第二の都市、モスル陥落から続く連戦連勝の糸に、新たな戦勝を結びつけるためだった。彼らの力のなかには、連勝から生まれた、勝利はかならず来るという神の意志に鼓舞された確信があった。だからモスルであれだけの大勢力に勝ったのだし、コバニでも米軍の空爆に勝てるのだと。

ISISによるコバニの占拠が迫るなか、米政府高官による、シリアでたぶん最強の反ISIS勢力であるシリア・クルド人の町を守りきれないでいることに対する釈明が始まった。トニー・ブリンケン大統領次席補佐官（国家安全保障問題担当）は「われわれのシリアでの焦点は、軍事力を投射し、指令を発し、それを維持し、それを活用する（イスラム国）中枢の能力を低下させることにあります」と述べるとともに、「悲劇的な現実は、われわれが作戦行動を進めるなか、戦闘が効果的に進められているかも知れないし、そうではないかも知れないコバニのような場所が、これからも出て来るだろうということです」と語った。敗北をあいまいな言葉で覆い隠す言い抜けの典型だった。

しかしコバニはその後、陥落しなかった。オバマ大統領が「戦闘能力を低下させ壊滅する」と言い切ったからには、米国としてはISISにみすみす勝利を手渡すわけには行かなかった。

十月十九日、C130輸送機がコバニに武器・弾薬を二一トン、投下した。クルド人にコバニを守り切らせるためだ。同時にトルコもコバニのシリア・クルド人たちへの敵視を転換させたようだった。ペシュメルガ分遣隊のコバニ入りを許可したのだ。

わたしがいまこう書き進めている時点で、コバニはまだ陥落していない〔二〇一五年一月二十六日、クルド人部隊はコバニからISISを撃退したと報じられた〕。ISISはコバニの町の大部分を制圧し、塹壕戦を続けている。

米軍にとって、空爆で反政府武装勢力を止めることができないのは、このコバニだけではない。ISISは十月二日、これまで手中に収めていなかったイラク・アンバール州のほとんどすべての町村を支配下に置いた。これでイラクの全人口の四分の一が集中するアンバール州のほぼ全域がISISのものとなった。同州のヒートの町を奪取し、これまで攻防戦が続いていた州都ラマディの大半を奪取した。バグダッド西方、ユーフラテス川沿いの町村、あるいは政府軍基地はすべて数日のうちにISISの手に落ちた。

米軍の空爆支援があるのに、イラク政府軍は抵抗せず敗れた。イラク政府軍のさらなる崩壊ぶりを示す敗北だった。その結果、アンバール州では、ハディサの町と、ヒートに近いアル・アサド基地だけが政府軍の支配下に残るだけとなった。

米国のイラク問題アナリスト、ジョエル・ウィングは『イスラム国がアンバール州の大半を支配下に収めるなかでのイラク治安部隊の崩壊』とのレポートのなかで、こう結論づけた。「これはイスラム国にとって巨大な勝利となった。アンバールに事実上の覇権を確立し、バグダッド西部に重大な脅威を与えている」。

アンバール州は二〇〇三年の米軍侵攻に対するスンニ派の反乱の中心地だったところだが、そのアンバール州をめぐる戦いはISIS側の決定的な勝利に終わった。二〇一四年一月からアンバール州で勢力を広げ出したISISに対して、イラク政府軍は反撃を試みたものの、最初の六ヵ月だけで五〇〇〇人の損害を出すなど、みじめな敗北が続いた。

ISISの次のターゲットは、バグダッド西方のスンニ派居住区になるかも知れない。バグダッド西郊のアブグレイブから始まって、そのままバグダッドの中心部を目指すものになるだろう。

イラク政府と外国の同盟者たちは、バグダッド中・北部ではISISに対する反撃の成果がいくらか出ていると言って安心しようとしている。しかしバグダッドの北と東北での戦勝はイラク政府軍が勝ち取ったものではなかった。ISISやスンニ派住民と見分けのつかない、宗派性の強いシーア派民兵が勝っただけのことだ。このシーア派武装組織は、シーア派とスンニ派が混在するディヤラ州からスンニ派を一掃すると公言している。こうなるとスンニ派は、生きていたければISISにすがるか出て行くかのどちらかしかない。

これはイラク・クルド人が米軍の空爆支援で取り戻したモスルの西北、シリア国境の要衝、ラビアの町についても言える。この町のスンニ派のアラブ人は、今やたった一人しか残っていない。宗派と民族による地域洗浄は、イラクとシリアの習い性となってしまっているのだ。

コバニをめぐる戦いは、米国主導の反ＩＳＩＳ有志連合の弱点を曝け出した。シリアでの空爆を開始するにあたり、オバマ大統領はトルコ、サウジアラビア、カタール、ヨルダン、ＵＡＥといった地域のスンニ派諸国が連合にまとまったことを誇らしげに語ったが、これらの国々は米国とは違った思惑を持ち、ＩＳＩＳの壊滅は彼らの最優先課題ではないのだ。ＩＳＩＳは現行の政治的秩序にとって脅威であることから、スンニ派の王国は彼らを好きでないかも知れない。しかしあるイラク・ウォッチャーが言うように、「ＩＳＩＳが自分たちの問題である以上に、シーア派にとって大きな問題になっていることが、彼らにとってはいいことなのだ」。

米国側に立っていると思われている国々のなかで、いまのところ最も重要なのはトルコである。トルコは五一〇マイルの国境線でシリアと接している。このトルコ国境から、ＩＳＩＳやヌスラ戦線など、ありとあらゆるシリアの反政府武装勢力がシリアに出入りしている。トルコは二〇一四年になって国境管理を厳しくしているが、ＩＳＩＳは夏場の戦勝以降、トルコ側に逃げ込む必要もなければ、トルコ経由で武器・兵員を確保する必要もなくなっている。

コバニ防衛戦を通じて、トルコはシリア・クルド人の政治・軍事組織であるＰＹＤ（クルド民主統一党）とＹＰＧ（人民防衛隊）を、イスラム過激派を上回る脅威と見ていることが明らかになった。

ＰＹＤはクルド労働者党（ＰＫＫ）のシリア支部で、ＰＫＫは一九八四年以来、トルコでクルド人による自治・独立を求めて戦い続けているのである。シリア政府軍が二〇一二年七月、トルコ国境沿いのシリア・クルド人居住区から撤退して以来、トルコ政府は、シリア・クルド人の自治のインパクトが、トルコ国内一五〇〇万のクルド人に及ぶことを恐れて来た。エルドアン大統領としては明らかに、コバニをPYDではなくISISに支配してもらいたいと思っているはずだ。

十月、コバニで戦ったPYDの戦闘員五人が国境を越え、トルコ領内に入ろうとしてトルコ軍に捕まったことがあった。そのとき、トルコ政府が五人に貼ったレッテルは、「分離主義のテロリスト」だった。

トルコは米国に対して、協力と引き換えに、シリア国内にトルコが支配する緩衝地帯の設定など、高い代償を要求している。緩衝地帯ではシリア難民を受け入れる一方、反アサドの武装勢力の訓練を行ないたい、というのがトルコ側の求めだ。

エルドアンはまた、シリア国内に「飛行禁止区域」をつくるよう要求している。これもまた、ダマスカスのアサド政権を追い詰めるためだ。ISISは航空戦力を持っていない。これらの要求が実現すると、トルコはシリアの反政府勢力の側に立って、米国の支援の下、シリアの内戦に参加することを意味する。そして、そのシリア反政府勢力を支配しているのが、ISISであり、アルカイダ下部組織のヌスラ戦線であるのだ。ヌスラ戦線は十月二十七日、シリア政府軍が押さえていたイドリブ県の県都イドリブを攻撃し、完勝に近い成功を収めている。捕えられた七〇人の政府軍将校は、軍司令部のなかで処刑された。

二〇一一年以来のトルコのシリアでの動きには、まるで帝国のような傲慢と、ほとんど喜劇的ともいえる愚かさの自滅的なミックスが見られる。このことを頭に入れて、こんごトルコの動向を見るといい。

シリアで反政府運動が始まったころ、トルコは政府側と反政府側の間でバランスを取ることもできたはずだ。ところがトルコは反政府運動が武闘化して行く方向を支持したのである。聖戦士たちを支援したのだ。そうすればアサドはすぐに倒れると思い込んだのだ。

しかしアサドは倒れず、民衆の反乱は宗派の武装勢力に支配されるものに変わった。その条件整備をしたのはトルコである。

エルドアンは最初のうち、トルコのクルド人の怒りを無視できると思っていたようだ。トルコのクルド人の怒りとは、ＩＳＩＳと共謀してシリアの同胞を追い詰めるエルドアンに対する怒りだった。

トルコは二〇一三年以降、ＰＫＫと停戦協定を維持して来たが、それも崩壊に近づいている。

どうしてアンカラはこれを不安がらないのだろう？

もしかしたらトルコは、ＰＫＫはシリアであまりにも激しい戦いを繰り広げているので、トルコ国内で戦線を開く余裕は残っていない、と信じているのかも知れない。

しかし、一方ではこういうこともある。もしもトルコがシリアの反アサド内戦に本格的に介入することになれば、アサドを重要な同盟者としているイランが黙っていない。イランの指導者たちはすでに「トルコは代価を支払うことになるだろう」と警告を発しているのだ。

これはたぶんイランがトルコのクルド人武装勢力に対し、秘密裏に支援することを意味する。「イラン人は、こういう秘密戦争にかけては博士号の持ち主なんです」とは、イラクの政治家のコメントである。

サダム・フセインも一九八〇年にイランに侵攻して、エルドアンと同じような仕返しに遭った。イランがイラクとの協定を破棄し、イラク・クルド人の蜂起に再び火をつけたのだ。イラクは一九七五年、イランのシャーと協定を結んで、イラク北部のクルド人の壊滅作戦を続けていた。

トルコのシリア介入は内戦を終わらせないばかりか、戦闘をトルコ国内に拡大しかねないものだ。

コバニ攻略でISIS指導部は、米軍の空爆下でも敵を倒し続けることができることを証明したがった。増派されたISISの戦闘員たちは「イスラム国は残る！　イスラム国は広がる！」と不敵な唱和を続けながら、殉教した仲間に代わってコバニに入った。

ISISは二〇一四年の前半、勝ち目がないと見たら戦闘を切りあげ、シリアで占領していた地域の半分を投げ捨て撤退する戦術的な柔軟性を見せた。しかしコバニでは、すでに五週間も戦闘を続け、それが広く報道されてもいる。威信に傷をつけずに撤退できる時期はすでに過ぎているかも知れない。ＩＳＩＳの勝利は常に神によって約束されている――これがこの聖戦士集団がシリアやイラクなどスンニ派世界でアピール力を維持して来たものである。それが躓《つまず》けば、それがどんな小さな失敗であれ、ＩＳＩＳにダメージを与えるものになるだろう。

ＩＳＩＳのコバニ攻略での最終勝利は、十月の初めには必ずあると思われていたが、クルド側の残存勢力を一掃中というだけで、月末になっても起きなかった。ＩＳＩＳは明らかに、市街戦や空爆で重大な損害を被っていた。武器・弾薬がＰＫＫシリア支部に渡ったことで、クルド側の軍事力は強まり、士気は高まった。こうしたなかで、ＩＳＩＳ側への肩入れ姿勢を隠さないトルコ側に対する、米国の苛立ちは強まって行った。

ＩＳＩＳの司令官は戦闘員を散らし、武器を隠すのに長けていた。このため、米主導の有志連合軍は十月二十三日まで六六〇〇回の出撃のうちの一〇パーセント、六三二回の攻撃でしか地上のターゲットを空爆することができなかった。

しかしＩＳＩＳ側としては、コバニ陥落を狙って総攻撃を仕掛ける以上、特定地点に戦闘員を終結させなければならなかった。空爆のターゲットになりやすいことだった。四十八時間以内に四〇回も空爆が行なわれたことがあった。クルド人陣地から五〇メートルも離れていない目標への攻撃もあった。

ＩＳＩＳに対する空爆は、エルビルやバグダッドでもそうだったように、コバニがＩＳＩＳ戦闘員によって席巻されることを防いだかも知れない。しかし空爆の効果については疑問が残る。それは空爆にもまた、限界があるからだ。事実、米軍の介入にもかかわらず、ＩＳＩＳは全体として、十月時点でもなお拡大を遂げている。

米国はＩＳＩＳと戦う組織への軍事支援に二の足を踏んでいる。シリア政府軍に対してもそうだ。米国はアサド政権の転覆をいまなお考えているためとも取れるが、もしも過激な聖戦士たちと本気で戦うというのであれば、ほかに選択肢がないことに気づくべきだ。

ＩＳＩＳは敵がいっぱいいる。ＩＳＩＳの敵は数多く存在しているので、彼らがまとまれば、長期的にはＩＳＩＳを圧倒できるだろう。しかし彼らはバラバラなのだ。考え方も違う。

それは、以下のことを意味する。

イスラム国はいま急速に、中東の地図における地理的、政治的な事実になろうとしている。

二〇一四年十月　記

謝辞

本書は、シリア北部とイラクにおける、アルカイダに似た聖戦運動の勢力拡大を書こうとして始まったものである。その重要性に、西側の政治家もメディアも公衆も気づいていないと、わたしには思われたからだ。

わたしはとくに、ＩＳＩＳの急激な勃興のあとを辿ってみたいと思った。イラク・スンニ派コミュニティーで強まる怒りを、イラク政府が反政府武装新勢力と戦えない無力を、書きたいと思った。

シリアでは、反政府武装勢力がいまや聖戦運動の支配下にあり、西側がテコ入れしようとしている穏健派は影響力をほとんど失っている事実を示したかった。

二〇一三年および二〇一四年初めにはまだ周辺的なものに過ぎなかったこの見方は、二〇一四年六月十日のＩＳＩＳによるモスル攻略と、その月の終わりの、シリア・イラク国境をまたぐカリフ国の建国宣言で確証された。

前もって書かれた本書の主たる結論は、こうした一連の出来事で、ものの見事に確認されることになった。

しかし内戦はまだ終わっていないし、戦線の押し戻しも続いている。イラク内外の当事者が数多く戦いに関与している。イラクとシリアは、予想外の出来事と不快な驚きの産地になっている。

わたしは二〇一四年に、英紙『インディペンデント』と『ロンドン・レヴュー・オブ・ブックス』に記事を書き、ニューヨークの「アルワン芸術財団」で講演をして、本書のテーマの多くを発展させた。

多くの人びとの励ましと支援に感謝する。

訳者あとがき

「イスラム国」は日本の前に、恐怖と悲劇を引き連れ、衝撃とともに現われた。奇襲のような突然の登場だった。

そして、わたしたち日本人の意識のなかに、「聖戦」を戦う者の狂信と残忍さをトラウマのように刻み込んだ。

二〇一五年一月二十日、七十二時間以内に二億ドルを支払わなければ、後藤健二さんと湯川春菜さんを殺害するとの脅迫ビデオが、ネットに流れた。覆面をした黒づくめの男が、砂漠を背景に、後ろ手に縛られたオレンジ色の囚人服の後藤さんと湯川さんの間に立ち、英国流の流暢な英語で、安倍首相に身代金の支払いを要求した。

そして、十二日後の二月一日、後藤さんの殺害映像が、またも黒ずくめの男のナレーションつきで、ネットに流れた。湯川さんに続いて後藤さんも殺され、無残な幕が下りた。

「聖戦士ジョン」という異名で知られるＩＳＩＳの黒づくめの処刑者は、クウェートに生まれロンドンの西部で育ったムハマド・エムワジという二〇代半ばの男らしい。二万人以上に達する外国人聖戦士の一人だ。

「聖戦士ジョン」は後藤さんに刃《やいば》をふるう前、こう言って脅した。


日本政府よ。邪悪な有志連合を構成する愚かな同盟国のように、お前はわれわれがアラーの加護で権威と力を持ったカリフ国であることを理解していない……

安倍よ。勝てない戦争に参加する無謀な決断で、このナイフはケンジを殺すばかりか、お前の国民に対して、どこにいようが見つけしだい振るわれ、虐殺を引き起こすことになるだろう。


「イスラム国」は、後藤さん、湯川さんのいのちを奪ったばかりか、安倍政権に対して、事実上の宣戦布告を行なった。これはもちろん、安倍首相個人の問題ではない。安倍政権下にあるわたしたちが「イスラム国」から宣戦を布告され、殺害を予告されたのだ。

わたしたちは「イスラム国」とは何なのか、ほとんど何ひとつ知らないうちに、「聖戦」を戦う彼らの「敵」になってしまった。

英国の高級紙、『インディペンデント（*The Independent*）』の中東特派員、パトリック・コバーン記者（Patrick Cockburn）が、本書〔二〇一四年八月、米国のOR出版が、*The Jihadis Return*（聖戦士が帰って来た）のタイトルの下、緊急出版したのをもとに、その後の状況を追加・増補して、新たにロンドンのヴェルソ（Verso）から *The Rise of Islamic State : ISIS and the New Sunni Revolution* として刊行〕を出版したのは、後藤さんの殺害ビデオが流れた二日後——わたしたち日本人がショックの最中にあった二月三日のことだ。

パトリック・コバーン記者は、中東問題に関心を持つ人なら誰でも知っている、世界的なジャーナリスト。イラク問題にかけては余人に代えがたい、掛け値なしの第一人者である。わたし〔訳者〕個人とっては、中東問題に関する最高の教師であり、最も信頼する解説者である。

わたしはコバーン記者が米軍イラク侵攻後の占領の実態をレポートした、前著の『イラク占領——戦争と抵抗（*The Occupation: War and Resistance in Iraq*）』（二〇〇七年、緑風出版）を翻訳・出版したこともあり、オンライン書店に予約を入れて、本書の原書が届くのを、首をながくして待った。これを読めば「イスラム国」というものを、断片的な知識・情報の寄せ集めではなく、構成された全体像としてつかめるのではないかと——あるいはもしかしたら、わたしたちが後藤さんをなぜ救出できなかったかという、その失敗の原因にもふれることができるのではないかと到着の日を心待ちにしたのだ。

岡山・吉備高原山中の古民家の借家へ、この本が届いたのは二月十二日のこと。今回も緑風出版の高須次郎さんが版権を取得して下さり、同十七日から大車輪で翻訳作業を進め、出版にこぎ着けた。

コバーン記者によれば、「イスラム国」の「突然の出現」に驚いたのは、なにもわたしたち日本人だけに限らない。二〇一四年六月、イラク北部の大都市、モスルがこの聖戦集団の手に落ちるまでは、西側社会はその存在をほとんど知らなかった。この人口二〇〇万人以上のイラク第二の都市が陥落して、ようやく事の重大さに気づいた。日本の場合、米欧と比べて中東に関するマスコミ報道は手薄だから、わたしたちの認識が遅ればせのものになったのは仕方がない。

しかし後藤さんらの悲劇を通じ、その存在を知ったからには、わたしたちはその正体を、感情的な反発に走らず、落ち着いた心で直視しなければならない。

ある米国人ジャーナリストは、後藤さんの最後の態度を「ストイック」と表現していたが、そのストイックな冷静さこそ、「イスラム国」を考える上で大事な気構えのような気がする。

後藤さんはあの最後の表情でわたしたちに、うろたえず、恐れず、「イスラム国」出現の意味を――そしてまた、「聖戦」がひとのいのちをかんたんに奪える意味を考えるよう、言い遺していたのではないか。

「イスラム国」の存在の大きさは、中東の地図を広げてみればわかる。「東はバグダッド北東のディヤナ州から、西はシリアの地中海沿岸にあるラタキア県まで。イラク西部を流れるユーフラテス川峡谷の全域、さらにはシリアの東部、それから北に向かってトルコ国境まで」——その広大な支配地は、英国を上回る面積に達している。コバーン記者の言うように「イスラム国」はいまや「逆らう者を死にいたらしめる強大な致死的権力に、地理的にも育っているのだ」。

一〇〇年前（一九一六年）に、英仏によって引かれたイラク・シリアの国境線は消えた。中東地図は塗り替えられたのだ。これは中東の歴史のなかで画期的な出来事といっていい。イラクのサダム・フセインはクウェートに侵攻し、国土の拡大、国境線の変更を狙ったが、湾岸戦争に敗れ失敗した。「イスラム国」の指導者、バグダディは、サダム・フセインができなかったことを成し遂げているのである。

コバーン記者は「イスラム国」とは結局、中東で続いて来た「戦争の落とし子」である（原文では、〈ISIS is the child of war.〉と書いている。

それも戦乱のなかから生まれた「鬼っ子」——「戦争の鬼っ子」という方が、この「聖戦集団」にはよりふさわしい、わたしたちの日本語表現かも知れない。

それでは、この「鬼っ子」を産み落とした「戦争」とは、生みの親と何物なのか？　何が「イスラム国」を産んだのか？

答えを一言で言えば、直接的には米国主導で進められて来た「テロとの戦い」――「対テロ戦争」が産んだのだ。

ブッシュ政権の「9・11」をテコとした「テロとの戦い」は、米軍がイラクに侵攻したことで、サダム・フセインのイスラム・スンニ派政権を倒した。それによってバグダッドに生まれたシーア派を主体とする新政権の支配の下、スンニ派は脇に追いやられ、そうした屈辱と怒りのなかから「イスラム国」というアルカイダ型の聖戦集団が誕生したのである。

米国の「テロとの戦い」はテロに勝利するどころか、テロの権化ともいうべき「フランケンシュタインのようなモンスター」を産んでしまったのだ。

わたしたち日本人もまた、マスコミを通じた情報操作で、「テロとの戦い」がさまざまな反撃を打ち破り「勝利」に終わったような錯覚を持たされているが、コバーン記者が言うように、それは、ものの見事な失敗に終わったのだ。「9・11」によるショックと恐怖心に付け込んで始まった「テロとの戦い」が、敗北に終わった決定的な証拠――それが、中東の支配秩序を破って登場した「イスラム国」の出現である。

「イスラム国」には「テロとの戦い」という生みの親とは別に、「育ての親」もいる。コバーン記者によると、サウジアラビアを始めとするスンニ派の湾岸王国が最大のスポンサーとして、バックアップして来た。富裕な支持者らが金を出しているのだ。サウジアラビアなどスンニ派石油王国はシーア派（イラン、イラク政府）とシリアのアサド政権を敵視している。

政府・諜報機関の直接関与も疑われている。シリアで戦っている反政府派武装組織、FASの元司令官によると、FASの軍事評議（コバーン記者はトルコのアンカラで開かれたのではないかとみている）には、「サウジアラビア、UAE、カタールの情報機関の代表が必ず参加」し、サウジアラビアの防衛副大臣も顔を出したという。軍事評議には「米英仏の情報機関当局者も同席していた」。

コバーン記者は、シリア内戦における反政府派に供与された武器が「イスラム国」側の手にわたり、イラクにも流入して、それがイラクにおける「イスラム国」の戦力維持につながっているとみている。

アサド政権と敵対するトルコも、対シリア国境を開放して、「イスラム国」などシリアの反政府派を支援して来たという。

ということはつまり、トルコは育ての親と言うより、「イスラム国」の「友」――それはもちろん、あくまで地政学的な意味でのことだが――の立場にあったのだ。

後藤さんらの拘束事件では、安倍政権が現地対策本部を「イスラム国」に敵対するヨルダンのアンマンに置いたことに批判が集まった。トルコに置いていれば、あるいは救出も可能ではなかったか、との指摘である。

これについて、新興の世界的な有力メディアである『ヴァイス』は、過去に国際的な人質事件にかかわった経験を持つ「日本の警察庁に近い筋（a source close to Japan's National Police Agency）」の証言を、以下のように報じた〔二〇一五年二月六日付、東京発、『日本の新たなイスラム国との戦いの内幕（*Inside Japan's New War With the Islamic State*）』〕。

警察庁関係筋は「イスラム国との人質解放交渉に成功してきたトルコに、緊急対策本部を設置するよう求める意見具申をしたが、トルコへの原発輸出に影響が出るのを懸念する経産省、外務省、首相官邸によってつぶされた」というのだ。

この証言の意味は重い。事実とすれば、「人命」よりも「原発輸出」を優先させたわけだから。

わたしも昔、新聞社のカイロ特派員として、バグダッドやアンマンに入ったことがあり、すこしは中東というものを知っているつもりなので、ヨルダンのアンマンに対策本部が置かれたことに、違和感を覚えていた。

やはり、トルコに現地対策本部を置くべきだった。ヨルダンに置いたのは致命的な誤りだったのではないか。

もうひとつ、わたしが驚かされたのは、ニューヨーク・タイムズ〔同二月一日付、東京発、『平和主義から離脱して、日本の首相は殺害に対し復讐を誓った（*Departing From Country's Pacifism, Japanese Premier Vows Revenge for Killings*）』〕に対して、安倍首相の元外交アドバイザーなる人物が、なんと「これは日本にとっての9・11だ（"This is 9/11 for Japan."）」「日本にとって、いまそこにある危険な世界から、善意と高貴な意図で身を守れると夢想するのをやめる時が来た。アメリカ人はこの過酷な現実と向き合ってきた。フランス人もそうだ。そしていま、われわれがそこにいる」と語っていたことだ。

「9・11」をテコとした「テロとの戦い」が失敗に終わり、なおかつ、その引き鉄を引いた「9・11」実行犯へのサウジアラビアの支援がなおも疑われている現在、後藤さんらの事件を「日本の9・11」と位置付け、「テロとの戦い」を煽るようなこの発言は、問題である。

さて、わたしはさきほど「イスラム国」について「戦争の鬼っ子」という表現が、日本語としてはよりふさわしいのではないかと指摘したが、「鬼っ子」の鬼たるゆえんは、彼らがその「聖戦」において、無慈悲で組織的な人殺しをし続けていることだ。情け容赦もなく残虐行為を続ける彼らの「聖戦」とは、組織的な人殺しにすぎない「戦争」の本質を、恥ずかしげもなく曝け出すものである。

コバーン記者が言うように、「イスラム国」は宗派性が異常に強く、同じイスラムのシーア派さえも絶滅すべき「異教徒」と見るなど、排他性が極限化している。宗派的な非寛容が、戦場や支配地での残虐行為となって現われているのだ。その極端な宗派性が敵意と憎悪を最大化し「戦争」の本質をあらわにしたのだ。

後藤さんのあの最後の表情は、「この残虐を見よ、これが戦争のほんとうの姿だ」と、わたしたちに語っていたのではないか。

「戦争の落とし子」、すなわち戦争が生んだ子どもとは、「戦争」というものが生んだ「新世代」と言い換えることができるだろう。こうした世代論の視点に立てば、「イスラム国」は中東における、「軍事国家の最新世代」と言える。

コバーン記者が指摘しているように、「イスラム国」について西側の人間が抱きがちなイメージは、砂漠の向こうからラクダに乗って襲撃して来て、風のように去って行くベドウィン族のような姿だが、そんなものでは決してない。中東の聖戦集団として軍事的に「新しい」のである。

コバーン記者は、「イスラム国」の軍事作戦の策定に、サダム・フセインの旧イラク軍幹部がかかわっているのではないか、との見方を紹介し、実際、その作戦行動に、ナポレオン軍のような機動性もあることに注目している。「イスラム国」は何と言っても、イラク第二の都市、モスルを攻め落とし、イラク政府軍を打ち破っているのだ。

軍事的な新しさは、情報戦において「残虐」を威嚇の武器に使っていることにも見てとれる。コバーン記者によれば、「イスラム国」の「殺害ビデオ」は最初、イラク北部の攻略戦で、イラク政府軍のシーア派兵士やクルド人の戦意を喪失させるためにつくられた。彼らが残虐ビデオを次々とネットにポスティングしているのは――それも殺害方法を、マンネリ化した斬首から、スペクタクルな焼身へとエスカレートさせているのは、残虐趣味というより、軍事的な効果が狙いと見られる。

彼らはモスルなどの支配地で、住民に携帯電話の使用を禁止し、電波塔を爆破しているが、これも復古趣味によるものではない。情報の流出を恐れているのだ。携帯電話での情報で、米軍の無人機が攻撃に現われるのを恐れているのだ。


コバーン記者は本書のなかで、「聖戦ファシスト」という言い方が「イスラム国」にあてはまるかも知れないと指摘し、バグダッドなどを包む雰囲気が、ナチスが勃興した一九三〇年代のドイツに似ていると書いている。あるいは、中東全体の現状を、世界初の国際戦争といわれる中世ドイツの「三十年戦争」の時代に近い、とも書いている。

こうした歴史的な視野のなかで「イスラム国」を――そしてその「聖戦」の残虐をとらえるこ

とは、わたしたち日本人にとっても大事なことだろう。わたしたちもまた戦時中の「外地」で、無慈悲な真似をし続けたのである。

その意味で「イスラム国」の「聖戦」とは、わたしたち日本の過去を映し出す鏡でもあるのだ。

「イスラム国」の今後の見通しについて、コバーン記者は「新しく、恐ろしい国は生まれてしまったのだ。それはかんたんに消えるものではない」と書いている。

何でもありの中東で、今後の見通しを示すことは、ジャーナリストでなくとも難しいことだが、コバーン記者は「イスラム国」が今後、中東における「地理的、政治的な事実」として、少なくともしばらくの間はあり続ける、と予想した。

「イスラム国」は生まれたばかり。観測筋の中には、西側はいずれ、穏健化した「イスラム国」の新指導部と交渉することになるのではないか、といったやや踏み込んだ見方を示している向きもあるが、先行きは不透明だ。

後藤さんに刃をふるった彼らのわたしたちに対する最初のメッセージは、日本政府および安倍政権にたいする「宣戦布告」ともとれる殺害予告の脅迫だった。

それにどう冷静に応えて行くか？

パトリック・コバーン記者がイラク、シリアの取材地で書き継いでくれた本書の内容に、あの後藤さんのストイックな視線を重ね合わせて考えれば、答えはおのずから明らかだろう。

二〇一五年二月二八日　吉備高原にて

大沼安史

[著者略歴]

パトリック・コバーン（Patrick Cockburn）

1950年生まれ。アイルランド人ジャーナリスト。英高級紙、『インディペンデント』の特派員。1979年以来、中東報道を続けている。『フィナンシャル・タイムズ』の中東特派員から、1991年に『インディペンデント』に移籍した。

1991年の湾岸戦争では数少ない西側記者としてバグダッドに踏みとどまり、米軍の空爆の下、現地から報道を続けた。2003年に始まった「イラク戦争」でもイラク国内にとどまって、果敢な報道を続けた。今回の「イスラム国」問題でも、イラクやシリアで現場取材を続行している。

当局の発表によらず、現場に出て現地の人びとの声を聞き、自分の目で確かめて書く、ジャーナリストの基本線を、イラクのような危険な場所でも守り通している。

2014年には英国の「海外報道ジャーナリスト・オブ・ザ・イヤー」に選ばれている。

本書以外の邦訳された著書では、『イラク占領 戦争と抵抗』（緑風出版、大沼安史訳）のほか、実弟の同じくジャーナリスト、アンドリュー・コバーンとの共著で、『灰の中から サダム・フセインのイラク』（緑風出版 神尾賢二訳）』がある。

[著者略歴]

大沼安史（おおぬま・やすし）

1949年、仙台市生まれ。東北大法学部卒。北海道新聞に入社し、カイロ特派員、社会部デスク、論説委員を務めたあと、1995年に中途退社し、フリーのジャーナリストに。2009年3月まで、東京医療保健大学特任教授。

著書は、『世界が見た福島原発災害—海外メディアが報じる真実』『同２—死の灰の下で』『同３—いのち·女たち·連帯』『同４—アウト·オブ・コントロール』（以上、緑風出版）、『緑の日の丸』『ＮＯＮＯと頑爺のレモン革命』（以上、本の森）『希望としてのチャータースクール』『戦争の闇　情報の幻』（以上、本の泉社）など。

訳書は、『イラク占領』（パトリック·コバーン著、緑風出版）、『戦争の家ペンタゴン』（ジェームズ·キャロル著、上下２巻、同）など。岡山県在住。ブログは、http://onuma.cocolog-nifty.com/blog1/

イスラム国《こく》の反乱《はんらん》――ISISと新スンニ革命

2015年4月20日　初版第1刷発行　　定価1800円＋税

著　者　パトリック・コバーン
訳　者　大沼安史
発行者　高須次郎
発行所　緑風出版 ©
〒113-0033　東京都文京区本郷2-17-5　ツイン壱岐坂
［電話］03-3812-9420　［FAX］03-3812-7262［郵便振替］00100-9-30776
［E-mail］info@ryokufu.com［URL］http://www.ryokufu.com/
装　幀　斎藤あかね　　カバー写真　ロイター／アフロ
制　作　R企画　　印　刷　中央精版印刷・巣鴨美術印刷
製　本　中央精版印刷　　用　紙　大宝紙業・中央精版印刷　　E3000

ISBN978-4-8461-1504-3　C0036